放下執著、善待自己，快樂是需要練習的

練習告別玻璃心

日本知名書法家 武田雙雲——著

前言

周遭的朋友總是說我天生樂觀、正向，不會拘泥於瑣事，一天到晚鑽牛角尖。我確實是這樣的人沒錯。但是，我可不是一生出來就擁有如此樂觀正面的個性。

小時候，我對各種事物都非常敏感，經常過度解讀別人的情緒。尤其在我以書法家的身分出現在電視螢光幕之後，便不時擔心外界的評論和自己的發言會不會傷害到他人，或是令人感到不悅。

當我對「異常敏銳的自己」感到筋疲力盡之際，忽然之間，我轉換了一個念頭，如果我能充分運用這樣的敏感特質，或許可以讓自己變得更幸福吧！

心思敏銳的人，很容易就能察覺別人虛偽的面目、惡意及狡猾程度等負面的部分，連帶使得自己也變得畏縮、煩憂或情緒低落。

因此，我認為如果一個人能輕易感受到負面、不友善的人事物，應該也可以敏銳地察覺到事物正向積極的那一面。從另一個角度看，個性敏感的人也潛藏著發現他人優點、生活中的小確幸、大自然和藝術之美，以及生命中的大好良機的特質。也就是說，敏感性格是一種與生俱來的「幸福體質」。

所以，討厭自己敏感的個性，老是提醒自己「別悶悶不樂」、「不要那麼神經質」的人，從現在開始，不妨學習認同自己原本的樣子，這點非常重要。

對事物敏感並不是一項弱點或缺點。改掉動不動就杞人憂天、滿腹愁緒的習慣，勇敢、從容地面對生活中的一切，才是活出快樂的訣竅。

本書中介紹了我個人的經驗和想法，請參考書中的內容，學習不再焦慮、不再勉強自己，並找出適合自己的改善方法。

就像現在幸福的我一樣，希望有朝一日，你也可以由衷地感受到「正因為擁有這種得天獨厚的敏感特質，所以才能過著幸福美滿的生活。」

２０１６年９月吉日

武田雙雲

CHAPTER 1

跳脫思考的框架，人生不會被綁架

CHAPTER 2 堅強而溫柔，做你自己的偶像

CHAPTER 3 容易受傷，是因為你比別人更優秀

CHAPTER 4

遠離負能量的「情緒炸彈」

CHAPTER 5

敏感是你獨一無二的天賦

CHAPTER 6 我們都是和自己賽跑的人

CHAPTER 1

跳脫思考的框架，人生不會被綁架

人生只有一次，勇敢做自己

你還記得第一次騎腳踏車的感覺嗎？

我第一次騎腳踏車大概是在6歲左右。剛開始需要輔助輪，拿下輔助輪後，使盡吃奶的力氣，才能搖搖晃晃地騎上3公尺。轉彎轉不好，煞車也煞不到位，摔倒了好幾次。當時覺得害怕、疼痛，卻又不甘心騎不好……

但是，很少人會因此覺得「不會騎，很丟臉。」「就是沒辦法騎得跟大家一樣好，不想繼續練習了。」而放棄學腳踏車吧！

學騎腳踏車的孩子，一心一意只想著「一定要學會！」「怎麼樣才能騎得很穩呢？」（如果有孩子半途而廢，大概是因為一旁沒有幫他的人吧！）

再舉一個例子，嬰兒學習走路的過程也是如出一轍。

寶寶本身不會有「都14個月了，還不會走路，真沒面子。」或「學不會的話，可能會被瞧不起……」的想法。會煩惱這種事的，都是太在意世俗眼光的父母們。

人隨著年紀增長，累積各種經驗後，會變得喜歡預測新事物，結果導致自己不去探究成功的原因，反而找了很多失敗的藉口。

成年之後，很多人對學習第一次接觸的事物，諸如：運動、樂器或書法等普遍缺乏信心，認為自己不可能學得會，或是難以學得精通，因而常常學到一半便放棄不學了。

如果是因為能力的問題而無法持續學習也就罷了，但是，倘若是因為「我學不好的啦！」或「學得很差，有點丟臉。」等理由而半途而廢，就實在太不值得了。**如果真的有心要學會，就不必在意他人的眼光。**

我也常告訴書法教室的學生相同的道理。

無論是手多笨拙、不靈巧的人，或是寫字慣性強的人，只要肯花時間，絕對可以練好書法。每個人的資質不同，只要依照個人的步調，享受寫字帶來的愉悅便已足夠，要寫得一手好字，只能靠時間累積，不能一步到位。

舉例來講，就算有人限你「1個月之內必須學會。」「1年以內要學得跟專業人士一樣專精。」光是想像那種辛苦的程度和難度，很容易就讓人產生抗拒感。

所以，**別當急驚風，不要焦躁、不要有競爭心態。不要讓別人的話左右自己的人生，做自己想做的事。**

這樣的態度，不是很自在愜意嗎？

拋開「正確」答案，人生腳本自己寫

我曾經與工藤公康先生（目前為福岡軟體銀行鷹監督）談論棒球。由於我在小學和國中的時候打過棒球，所以對棒球話題頗感興趣，然而，卻從工藤先生口中聽到一件令我驚訝不已的事。

他談到打擊姿勢，在我那個時代，低肩、垂棒的「倒棒揮擊法」是基本要求和常識，但是，現在的主流和王道，則是由下往上揮擊的「水平揮擊法」。

當我驚訝地發出「咦，難道是我聽錯了嗎？」的疑惑時，工藤先生笑著向我這麼說明。

他表示：「你那個是20年前的常識，早已過時，現在完全行不通。為什麼大家都不好好思考一下呢？投手從上方投出的球，會受重力影響而慢慢掉落。

如果採用倒棒揮擊法，由上方觸擊球，就會打在線與線往下交集的一點上，對吧？但是，如果換成水平揮擊法，由下方打在同一條路徑上，由於是打在線與線的路徑上，所以打擊率就會跟著提高，沒錯吧？」

工藤先生的說法確實沒錯。除了打擊姿勢以外，還有很多理論與過去有著一百八十度的大轉變，不禁令人感慨學生時代所學的到底還有什麼是錯的？

照這樣看來，**「常識」和「正解」實在是令人摸不著頭緒。因為，我們現在深信不疑的道理，將來可能都會隨著時代轉變而被顛覆。**

正是由於這種「老師教的絕對是正確的」或「必須學會正確的方法不可」的觀念，充斥於全世界各個領域當中，才會讓人苦不堪言。

在我的書法教室中，我會盡量避免灌輸學生「必須怎麼做」的刻板觀念。

如果左撇子的學生問我：「一定要用右手拿筆嗎？」我會這麼回答：「兩手都可以隨心所欲地寫字，是很厲害的能力，不必拘泥於用哪隻手拿筆喔！我原本也是左撇子，如果你兩隻手都能揮毫自如，寫字的樂趣也會加倍吧！」

從世俗的「正確答案」中跳脫出來，讓思想變得更自由。

讓自己感到最舒暢的方法，就是最佳「正解」。

由於文字是專為右撇子的人所創立的，所以，或許右手寫起來會比較順，也會寫得比較漂亮。

從入門到精通的確有捷徑可走，不過，這條捷徑對你而言未必是最正確的。

經我這麼一說，學生也頗感驚訝，他說：「我一直以為有絕對正確的握筆姿勢。」然而世界上並不存在任何絕對的事物；換言之，愛怎麼拿筆都可以，怎麼寫都無所謂。

順帶一提，中國人和日本人的握筆姿勢也是截然不同。

很多中國人都是從旁握住筆桿，而大多數的日本人則是習慣以手指抓著筆桿。另外，日本人手指觸碰筆桿的方式也很多樣，有人拿筆的時候，手指正靠在筆桿旁，有些人寫字的時候，筆桿拿得很斜。

我也有開課指導正確的握筆姿勢，但是，並不會對學生說：「一定要這樣拿。」學生練習寫各種字後，我會問：「手不舒服嗎？」如果學生回答：「嗯，手很痠。」我就會說：「那我們來找出更輕鬆、舒適的握筆方法。」

談到坐姿也是一樣。很多人認為寫字的時候，最適合的姿勢應該是端正「跪坐」，這也是一個刻板的觀念。

所以，在我的教室裡，學生練字，都是採用自己覺得最舒服的坐姿，我從不要求膝蓋痛的人，還要強忍著疼痛跪坐。

有趣的是，我的網球和衝浪教練，也抱持著和我相同的教學理念。

他們對我說：「試了這麼多方法，有哪一種方法是你覺得比較輕鬆的嗎？令人感覺舒適的方法，就是最適合武田先生的正確做法喔！」並和我一起找出讓我感到最舒適的方法。

一旦被世俗的正確答案所束縛，人會感到非常痛苦。心思敏銳的你，**不妨跳脫正確答案的枷鎖，讓思想自由奔放，尋找讓自己感到最舒暢、零負擔的方法。**

對你而言，那就是正確的做法。

自信，就是我允許自己被否定

如果你現在正處於「缺乏自信」、「目前的工作好像不適合自己……」的不安當中，我希望你可以做一件事。也就是請記住，**正因為毫無自信，才能探索出自己擅長的領域**。

我自己也是有一堆「做不來的事」和「沒有自信的部分」，就算現在也還是老樣子。坦白說，我剛開設書法教室的時候，也是沒有什麼信心。

雖然身為書法老師的母親「武田雙葉」，贊成我開業並鼓勵我說：「開設教室是一件很好的事。」但當時我才25歲，儘管已學習書法多年，但跟知名的書法家相比，實在不覺得自己的字上得了檯面，而且我的學生又都是長輩，更讓我極度缺乏信心。

何況，參加我的書法教室的學生，很多都是自小習字、寫得一手好字，且很有自己想法的人。

相信有過教學經驗的人大概都懂得我的感覺，在這種情形之下，要不緊張還真的很難（說個題外話，我那可憐的弟弟，開設教室以後收的第一個學生，竟然是全國書法大賽的冠軍）。

儘管教學已步入軌道，但心裡還是常常浮現「自己似乎不是當老師的料。」「知名的書法家人才濟濟，我到底可以教些什麼？」的疑惑。

當時，知識、經驗和自信一概全無的我，為了提高學生學習的興趣，費盡心思想到的方法就是，到海邊舉辦「接力書法」活動。

接力書法是由每個學生一筆一畫地共同寫一個字的活動。日本電視節目「世界上最想上的課」的製作人，透過我的著作，得知接力書法這個活動，便與我聯絡，之後讓藝人在節目中進行此一活動。節目播出之後廣受好評。

後來，接力書法變成該節目固定的單元，我想，有些讀者應該曾經看過。

託該節目的福，日本全國各級學校相繼舉辦接力書法活動，而我也因此變得有信心，認為自己足以勝任老師的工作。

沒有自信，應該先調整心態，將敏感轉化為敏銳的洞察力，接受自己的脆弱，才能儲備勇氣，這時放低身段的自己，想法反而會源源不絕。沒有信心的時候，將之轉換為創意發想的源頭，便能催生自信。

接力書法對我而言，在某種程度上具有「逃避」的意義，但是找出自己最擅長的事之後，也才能看見自己的獨特性。藉由接力書法，我領悟到此一道理。

我也曾經為自己從小就愛說話的個性，感到沒有自信。過去曾經有人對我說：「你真是長舌公，太過聒噪了。」等，令我覺得很自卑，因此，我很嚮往成為一個個性跟我完全相反、酷酷的、沉默寡言的帥氣男人。

尤其，我身為一個書法家，應該展現沉靜、從容不迫的樣子；但是，我只要一開口說話就停不下來，讓人覺得不夠穩重，為此，我不斷自我反省。

可是，現在的我卻因為天生愛說話的個性，而有機會受邀上電視節目、接受知名雜誌的專訪，以及在日本各地舉辦演講。

在書法教室中，為了指導學生，並使彼此的溝通能夠順利，對話扮演著相當重要的一環。也因為如此，才讓我有機會重新認識自己，轉而將「長舌公」、「聒噪」等讓我感到自卑的缺點，視為自己獨有的優勢。

缺乏自信的這個弱點，竟然可以讓我發現自己另外的一面。

正因為毫無自信，才更要去找出自己擅長的領域。

這將塑造出一個具有獨特個性和優點的你。

做你擅長的事，其它都交給別人吧！

除了前面提到的「缺乏自信可以讓自己有機會更努力，進而塑造出自己獨特的個性。」還有一點要講清楚：**如果不是自己真心想做的事，就不要去做。**

我從小就不會組裝東西，「組裝說明書」即使看了幾百遍，仍然摸不著頭緒，同時心裡也沒有興奮、期待的感覺。

所以，我從來沒有完成過塑膠模型的組裝，更不會買組裝式的家具。

然而，再怎麼說我也是個大人，如果有人強迫我做，我還是會去做。如果沒有時間的限制，應該可以完成組裝，但是，因為組裝東西實在是太耗費時間了，所以我會刻意選購「不用組裝的日常用品」。

對自己說：「做不到也沒關係」，
寬容地善待自己，
便不會產生自卑感。

我的意思是，不要在自己做不到的事情上鑽牛角尖，甚至產生負面的情緒，而是要專注地做自己擅長的事情。

以我這幾年所觀察的事物來看，筷子的拿法就可作為一個例子。

我從小拿筷子的方式就很奇怪，也曾經為此感到非常自卑。

我是左撇子，小時候雖然沒有被大人刻意矯正過，但是上節目的時候，有觀眾注意到這一點，所以我還是決定矯正成為一個右手使用者。

我特別去上了禮儀課程，儘管老師一再苦口婆心地教導，仍然無法改變我的習慣，最後老師只好放棄矯正。看到老師束手無策的樣子，讓我十分驚訝。

我把這個經驗當作笑話，講給書法教室的學生聽。我自嘲地說：「竟然讓老師放棄矯正，我也太厲害了吧！」

講完以後，有一位學生回應：「不打緊的。老師，你絕對可以學會。我是幼稚園的老師，教過很多小孩怎麼拿筷子。」並當場幫我矯正拿筷子的姿勢。

「哇，我心裡開始躍躍欲試了！」

「加油，加油喔！再放掉一點力量。」

「像這樣嗎？」

「對，很棒，拿得很好。老師，我們就一次學會吧！」

在這位學生的鼓勵下，我便順勢學到底，最後終於夾起飯粒了。

但是，由於拿筷子的技巧還不純熟，所以隔天馬上又故態復萌了。

不過，我原本就覺得筷子拿不好也不是什麼很嚴重的事，所以心情絲毫不受影響。

我打算花5年，甚至10年的時間，悠悠哉哉、慢慢地學習拿筷子的技巧，想練習的時候再練習。因為我始終抱持著「別當急驚風，不要焦躁、不要有競爭心態」的想法。

就算不會組裝家具和模型，日子還是過得很快樂；就算不會煮飯和裁縫，也照樣過得很自在。**因為，我對自己做不到的事根本不會在意，也不會因而感到自卑。**

即使在某方面較笨拙，一定還有其他特長，所以不用覺得自己低人一等。

從這樣的角度看事情，必能擁有快活的人生。

心想事成的祕密關鍵

雖然我說：「做不好的事不用勉強。」不過，應該有人會覺得「但是如果可以，還是希望『做得到』吧！」其實，經常有人問我：「怎麼樣才能做到心中想望的事情？」

當然，每件事的方法不盡相同，我可以提供下列3點建議。

第一，設定「正確的目標」。

前陣子，有人跟我說：「我的個性拘謹、嚴肅，老婆抱怨我『你說話總是很沒趣。』所以，我希望能變成一個講話幽默風趣、笑料橫生的人。」

碰上這種狀況，不是要趕緊看「笑話全集」或「說話技巧指導手冊」，而是先設定一個正確的目標。

不喜歡玫瑰的人，你送他100朵玫瑰也是白費工夫；不會喝酒的人，即使收到再頂級的酒，也不知道有什麼好值得開心的。

在這個例子中，正確的目標不是「變得幽默風趣」，而是「說出讓老婆開心的話」。因此，如果是我，會先思考「老婆的笑點在哪裡？」

老婆是喜歡有如諧星般的妙語如珠呢？還是偏愛雙關語和自嘲式的說學逗唱？或是愛聽一些饒富知識的文雅對話？

也許，這位朋友的老婆，只要老公的話能正中她的下懷，讓她哈哈大笑就行了。

只要瞭解這些事情，就可以清楚掌握自己應該朝哪個方向努力。

「想要變有錢」也是相同的道理。

當你跟那些想要變有錢的人提出「你理想中的年收入是多少？」「具體而言，你希望有多少錢？想過怎麼樣的生活？」等問題，多數人的心中可能都沒有一個具體的答案。

對於自己心中所渴望成為的有錢人，很少人會鉅細靡遺地研究他們的生活型態、思考方式、如何賺錢才能維持高水準的生活品質等問題。

總而言之，**如果沒有給自己設定一個明確且具體的願景，很多人最後都會落得白費工夫的下場**。

我在書中一再強調，不必憂心，動起來就對了。但是，倘若不先設定好正確的目標就一股腦地往前衝，一旦方向錯誤，很容易就迷失其中，找不到正確的道路。

順道一提，我辭職後，很多人對我說：「找工作不容易，賺錢很辛苦。」因此，那時我就決定「絕對不要為金錢所困」。

為了實際感受到底什麼是有錢人，他們是用什麼樣的心態消費？我去了超高級的飯店和酒吧，觀察這些場所消費者的行為。我不只看了很多書、蒐集許多資料，也親眼見證有錢人的行為舉止。現在回過頭去看，也不過是單純的好奇心罷了。

觀察有錢人的行為，並不會讓我更深入瞭解有錢人，不過，有趣的是，他們午餐的平均消費約落在4千日圓。花錢毫不手軟的模樣，也著實令我大開眼界。

第二，清楚知道自己能做什麼。

前幾天，有人找我諮詢，問說：「我拙於言辭，不太健談，在聚會中總是煩惱自己會讓場子冷掉。」

要解決這個問題，可以做的事情有兩種。首先，如果只是想帶動氣氛，任何人只要肯想些有趣的花招，然後花心思和時間練習，就能夠做到。

當然，口拙的人可能說不出令全場哄堂大笑的笑話，或是製造「笑點」，做到像搞笑藝人或諧星那樣的地步。

但是，就算口拙，不會講笑話，還是有其他炒熱現場氣氛的方法，例如學占星、簡單的魔術，或是一些耗費體力的搞笑把戲等。

可能要有點耐心，並且，同樣是急不得、不要焦躁、不要有競爭的心態。

第三，當一個稱職的幕後推手。

雖然當不了演員，不過，或許能勝任導演和導演助理的工作。例如，看到有人被冷落在一旁，看起來一副很無聊的樣子，馬上去招呼一下、幫大家點餐、想一些炒熱氣氛的話題、稱讚在場的朋友，或是邀請會帶給大家歡樂的開心果人物參加聚會。以上這些都是可以帶動氣氛的方法。

當心中有了具體的目標之後，想一想到底是要花時間學習帶動氣氛的技巧，還是當個幕後人員，默默貢獻一己之力就好？在這兩者之間選擇一個方法努力去做就行了。

別抗拒，換個角度看人生

前幾天，工作上的一位年輕朋友來跟我開會。一看到他，就發現他的眼瞼起疹子，他說已經發作好幾天了，我勸他趕快去看醫生，但是，他固執地認為自己的情況「不打緊」。

「應該是因為太累才會出疹子，死不了的。因為這種小問題而讓大家擔心，才真是不好意思。」

「別這麼說，與其怕大家擔心，不如多替自己想想。知道出疹子確切的原因之後，才知道要如何改善生活習慣啊！」

說這番話的同時，我想起曾經病倒的自己。過去，我和他是屬於同一種類型的人。

以前，父親常說：「去醫院就輸了。」而我完全遺傳了父親這種不知道到底是在跟誰賭氣的頑固個性。

直到6年前，我罹患膽結石以後，想法才有了一百八十度的轉變。

回想那段日子，其實身體很明顯出現了疾病的徵兆。右上腹經常疼痛，肩頸也嚴重痠痛，而更明顯的是，那陣子整個人感到非常疲累。

當時，我除了經營書法教室，還要創作、寫稿、到全國各地去演講，以及錄製電視節目。就算每天都有睡覺，依舊感到疲憊不堪，早上醒來後，覺得身體有如鉛塊般沉重。

不過，**人類的天性是不見棺材不掉淚。明明知道自己的狀況很差，仍然自我安慰：「還撐得下去……」**尤其當時正值事業的高峰期，在精神和心靈上都感到非常充實。

然而，有一天我突然病倒了。

由於腹部痛到令人想在地上打滾，我只好趕緊衝到醫院掛急診，不過，因為我不願接受膽囊切除手術，所以即使痛到受不了，我還是繼續咬牙忍耐。我拒絕以西醫的方式進行治療，而是選擇飲食療法和吃中藥，後來住院了2次。

結果，進行手術取出結石的那一天，距離我第一次到醫院就診已經超過半年。手術後的一年間，我還是像個拚命三郎般地工作，但是，我最後還是不得不認輸，舉手投降。

當時，我對於身體的病痛之所以能一忍再忍，是因為想要全力追求心中的理想—希望提升自己的知名度，達到功成名就的目標，因此，一旦有人嚴厲批評或中傷我，我就會做出情緒化的反應。

那個時候，老婆是我的經紀人，由於忙得不可開交，和老婆的相處也變得「相敬如冰」。

後來，**我心裡產生了一個覺悟，我要從過去全心全意奔跑的「武田雙雲」軌道上跳車，重新調整方向。**我停止逞強，並把工作量減到目前的三分之一。

「我不在意自己就是這麼軟弱。」有了這層體悟，**讓我卸下了無謂的自尊與驕傲。我不僅開始珍惜身體，也可以把他人的批評和中傷當作「耳邊風」。**

一旦覺得撐不下去，逃避並不可恥；不要勉強自己，不要硬是去做自己不喜歡的事。軟弱、怯懦沒關係，被人愚弄也不要有太大的情緒起伏，因為弱者是不會和人爭強鬥勝的。

「我不在意自己就是這麼軟弱。」的想法，反而具有讓人堅強的力量。不戰，所以不會樹敵。

被人愚弄，就坦率承認「自己不是什麼重要的人物。」被人說是「膚淺、不端莊的人」，笑笑地回他：「對啊，我就是一個膚淺的人。」

我所說的「正向積極」，並不是指態度、立場強勢，而是承認自己的弱點。藉此，就可以將焦點放在自己做得到和擅長的事情上，進而提升自己正面的能量。

逃避並不可恥，
軟弱也不必自卑，
不要逞強武裝自己。
這樣的想法，
自然會讓你身邊沒有敵人。

所以，如果你是一個不願面對自己弱點的人，或是顧慮別人勝過關心自己的人，我建議你還是勇敢承認「自己就是這麼軟弱」吧！

對於年輕氣盛、血氣方剛的年輕人來講，可能不願承認自己是弱者，但是，你就饒了那個沒用的自己吧！

B計畫，此路不通就轉彎

很多人會要求自己不准發牢騷，或是要求別人不要抱怨。

然而，會做這些事的人也有他的道理。其實，我覺得適度抱怨是合情合理的，真的苦到不行的時候，找朋友吐吐苦水反而有益身心健康。

因為，**抱怨是一種「生理反應」。吃到壞掉的食物時，我們會自然而然地吐出來，相同的道理，我們必須將體內的壞東西當作苦水吐出來**，所以，不應該任意批評「抱怨」是好還是不好的行為。

一般來講，我很樂意聆聽他人的怨言。

當我們看到朋友嘔吐時，都會去拍拍他的背、拿杯水給他喝，盡量想辦法讓他感到舒服一點，不是嗎？

不喜歡別人一天到晚跟自己抱怨是人之常情，不過，不准別人抱怨的人，大概也不容許自己發出任何怨言。

但是，一個無法接受消極事物、總是正向思考的人，其實應該是過得很痛苦。因為，當他們心情很差、感到生活一片愁雲慘霧時，還必須將這些苦水憋在心裡，不敢向人傾吐。

不允許消極事物出現在生活當中，其實是最負面的做法。

此外，我也認為不應該以「善惡」、「正負」等二元對立的思考來評斷事物。不要對兩個選項做出非黑即白的結論，而是應該具備更彈性、更柔軟的思考模式。

「抱怨是一種生理反應」的想法，所呼應的正是這個道理，例如，當有人問：「這是積極的行為還是消極的行為」時，我們可以不要拘泥於前後，不妨以「上、下、左、右」的方向來審視。

抱怨是人之常情，
每個人都可以吐苦水。
不准別人抱怨的人，
大概也不容許自己發出任何怨言。

如果能用這種模式思考問題，或許就會出現「雖然是消極的行為，但也是一步一步前進中。」的看法。只要能改掉先入為主的偏見和獨斷偏執的習慣，從全新的觀點彈性地看待事物，便能滿懷喜樂地享受人生。

機會如浪潮，會一波波接踵而來

說來理所當然，專業的衝浪客一定很會觀察浪。他們熟知浪況、知道什麼時機適合衝浪，以及哪些海域有危險等。

人際關係也有一波波的「浪」。炒熱現場氣氛、與他人融洽互動，就好比衝浪。

不過對於俗話常說的「機會只有一次，錯過就沒了。」這句話，我一直不太苟同。為什麼大家那麼在意破浪而行？為什麼機會錯過就不會再來了？

浪會不斷打在岸上，好浪、大浪相繼而來。**機會會不斷出現，所以錯過這次一點也不可惜。能不能跨越眼前的浪不是問題，不必患得患失、焦躁不安，只要按照自己的節奏乘浪而行即可。**

我的衝浪教練建議我說：「武田先生，衝浪不用那麼急躁，因為浪會一波一波地接踵而來。」

在日本，有句話說「幸運女神的後腦勺沒有頭髮」，意指幸運女神經過，你連她的髮絲都觸摸不到，但是，女神下次還是會再次經過你身邊。

覺得沒有任何機會的時候，可能是因為自己抓準機會的眼光尚未成熟，如同不知道浪的走向，只會枯等大浪而已。

如果用衝浪來比喻，就是只有內行人才知道絕佳的衝浪地點和各種浪型。每個人心中定義的好浪不盡相同，只要從中看到適合自己的浪就好了。

生活中的每一天都充滿了機會。

一旦開始行動，接下來就會很輕鬆

有煩惱的時候，不要像羅丹的沉思者雕像一樣呆坐、鬱鬱寡歡，而要動起來才是。

人類只要展開行動，注意力就會轉向我們正在做的事，一忙起來，就沒時間杞人憂天，煩惱東、煩惱西了。

例如，假設你在公司被主管責備，回家後心情還是很差。這時，有一隻超噁心的蟲子朝你飛來，就在你拿著殺蟲劑拚命噴，想趕走這隻蟲子的時候，不就把那個惹人厭的主管忘得一乾二淨了嗎？

也有很多人為煩惱所困時，會以上健身房飆汗或專心下廚的方式，來轉換自己的心情。

做這些事雖然有助中斷煩惱的思緒，但是，缺點是一旦不做之後，煩惱又會再次湧現。

因此，我建議還是要從根本上解決問題。具體而言，就是將問題予以分割、拆解。

「問題拆解作業」是我過去任職於NTT的時候所學到的方法。

當發生通訊問題時，要先釐清原因是出在「電話」還是「NTT的電路」。如果確定問題是在於公司的電路，並且發生的原因可能有兩個，接著，再找出到底是哪一個即可。反覆檢視問題，逐步找出原因和解決的方法。

問題拆解作業的方法，也可以運用在人際關係和人生的困擾上。

首先，要將問題切割成「想再多也無濟於事的問題」和「實踐後可有效解決的問題」。

與其擔心想再多也無濟於事的問題，不如轉而思考更具體的問題，也就是進入危機管理模式，立即展開行動。

心思敏感如我，在熟練問題拆解作業後，便一直被認為是正面樂觀的人。

例如，看到手機裡有一則已讀不回的訊息，拚命猜想對方為什麼不回覆，一點意義也沒有。一旦讓思緒迷失在廣大的森林中，就回不來了。

最可怕的危險就是不斷煩惱「他在生我的氣吧？」「唉，那時如果這樣做就沒事了。」讓自己困在原地，動彈不得。

身陷這種困境時，自己能做的事其實極為有限。

我們可以試著去找出原因，或是索性一不做二不休，把一切都拋諸腦後。倘若決定要找出原因，就要展開行動；但是，要為自己設立停損點，如果自己送出好幾個貼圖後，等了幾天，對方還是沒有回應，那就算了吧（以次數或時間決定放棄的時間點）。

如果像這樣，已經做了自己該做的事之後，問題還是沒有解決，就只剩下「自己再努力也於事無補」的選項了。

一旦事情演變成這樣，與其枯坐煩惱，不如拋開一切，繼續向前邁進。

即使對方給了再多理由，也無法改變他已讀不回這個事實；因為，除了他本人，沒有人可以確知他所言是否為真心話。

人生的煩憂也是如此。我們擔心的事雖然很重要，但我早就決定不去煩惱那些擔心也沒用的事。

因為，時間和精力要花在有用的事情上。

CHAPTER 2

堅強而溫柔，做你自己的偶像

拒收「好人卡」，不當工具人

如果有人對你說：「不必再當好人了。」我相信，大多數的人都會鬆一口氣，因為多數人都耗盡心力在建立人際關係上。

時常為「很在意旁人的眼光」、「一點都不高興有人約我吃午餐，卻還要假裝樂此不疲。」煩惱不已的人，更是如此吧！

前幾天，因公來找我的一位年輕男性，就為這樣的煩惱所苦。他說：「有兩位前輩教我兩套做事方法。不管我聽誰的，都會得罪另一個人，真煩。」

正如他所言，心思細膩、敏銳又無法說NO的人，在職場上往往要耗費許多心力，如果還要戴上面具偽裝自己、耐著性子和他人互動，更是一場苦難。

以前我也很在意周遭的人事物，曾經因為過度在意別人的看法而累壞自己。

在書法教室也有同樣的情形。當我請學生上前，聚集到我的位置旁觀摩範本時，我也會考慮很多事，例如「墨汁擺在這裡的話，站在那邊的人就會看不到。」或是「某某同學，請看這裡一下喔！」

學生如果看不到範本，就會主動調整視線和觀看的位置，根本不必我瞎操心，但我就是忍不住會想很多。

又如，一群人在開心聊天的時候，如果有人突然臉色不對勁，我就會想「是不是自己多嘴說錯話，傷到他的心了？」淨煩惱一些瑣事，讓自己陷入精神疲勞之中。

於是，心裡漸漸浮現「管他的，不想再顧慮東顧慮西。」「自己愛怎麼樣就怎麼樣，毒舌一點的話，心情可能也會跟著變好。」等率性而為的想法。

後來，我開始改變做法，**一樣關心、體貼周遭的人，卻不再讓自己「累得像頭牛一樣」**。

體貼別人是立意良善的事，我們不必拒之於千里之外，但是如果能做到「不累壞自己」，不是更理想嗎？

總之，要成為一個「可以圓融說『不』的人」，因此，除了學習如何傾聽之外，也要留意自己說話的方式。

例如，不想得罪兩位前輩的那個年輕人，就可以這麼說：「感謝您提供意見、教我做事，如果我覺得這些方法實用，我一定會遵照您的指示去完成工作。」像這種說法就很圓融。

主管和前輩的話不全然是正確的，聽的時候只要當作參考的意見，至於要不要執行，則要在自己思考之後再做決定。

國中時期的我，還做不到這種程度，只會完全遵從棒球社教練的指導，導致手肘受傷，所以，我才會有如此深的體悟。

我手肘受傷的經驗就不多說了，而對於主管和前輩的邀約，無法拒絕，或是明明不開心還要假裝很高興的時候，也要懂得說話的藝術。例如：

「謝謝！真的很高興可以受邀，但是，我今天真的有事，沒辦法和大家一起去吃飯。拜託下次一定要再約我，我會感到很開心的。」

「謝謝！不過，我不喝酒，所以，如果可以不喝酒，我就一起去。」

像這樣，一開口就先說「謝謝」非常重要。直接接下對方拋過來的「球」，然後表示「這顆球不適合我……」我想主管和前輩都會諒解的。

因為受到邀約或收到禮物，本身是一件值得開心的事，所以，直接表達謝意，並欣然接受他人的好意即可。

而回答「真的不行」或「如果……的話，就可以。」**說出自己無法配合的原因，以及可以配合的程度，就能減輕心裡不必要的壓力。**

瞎操心症候群

以前，我因公出差到南部的時候，曾經在某間餐廳吃飯。那間餐廳的菜色完全不合我的口味，不過，當老闆問我：「味道還喜歡嗎？」的時候，我還是馬上回答：「喜歡，很好吃喔！」等於說了一個善意的謊言。

當然，沒辦法老實說出：「不好吃，不喜歡。」心裡還是覺得怪怪的。一直在心裡想著「自己說不出真心話。」「但是，沒傷害到老闆，應該是一件好事吧。」等。

因此，我開始想「好人」和「溫柔的人」的差別在哪裡？

我們經常為別人擔心。
但是，別讓自己的情緒受影響，
體貼他人的時候，
也不要失去自我。

比如，和別人聊天之後，多數人都曾經在事後回想「我是不是傷了他的心？」「他會因為我剛才說的話而悶悶不樂嗎？」

「好人」總是掛念著這些煩惱，胡亂想一堆有的沒的，並且擔心不已。

仔細想想，自己根本沒有重要到足以影響對方，可以說，瞎操心不是體貼，而純粹是自尊心作祟。

想個不停、等著看對方動靜的「好人」，此舉不但浪費時間，也徒增自己的苦惱。

另一方面，如果換成是**「溫柔的人」，他們一旦心生疑慮，會立刻撥電話給對方，並想一想對方的優點，等下次聚會時再設法挽回局面，總之，他們會採取行動，讓對方知道自己的心情，使誤會得以化解。**

即使對方心裡受了傷，但如果能盡早化解誤會，也有助減輕對方的傷痛。不要光是一直擔心，而要具體「展現」貼心的行為，能夠做到的人，就稱得上是一個「溫柔的人」。

如果你的心裡充滿煩惱，就要想想你是不是只顧慮到自己。

要成為溫柔的人其實很簡單。在「心」字前面加上一個「貼」字，「體貼」對方、為他人著想即可。

同心共創「三好三贏」

日本古代三大商人之一的近江（現在的滋賀縣）商人，留下一句「三方好」的名言，分別是賣方滿意、買方滿意、社會滿意，兼顧三方利益的生意哲學。

這句話的意思是，只有自己（賣方）獲利無法順利促成交易；只有客人（買方）滿意也無法順利成交；就算自己和客人雙方都賺到，對社會沒貢獻的買賣，也無法永續穩定地成長。

因此，關於前面所說的「為什麼好人過得很辛苦」，我以「三方好」的思維，想出「自己好、對方好、社會好」這句話。

好人難當，再分得仔細一點，「濫好人」有兩種。

第一種是假裝是個好人，但其實只想到自己。

就像前面提過的「好像很為對方擔心，但其實是在擔心自己」一樣，有的時候是無意識的，有的時候則是故意的。

無論是哪種情形，戲沒辦法永遠演下去，總有一天會被看破。

另一種是犧牲自己，為了別人一直忍耐，到最後終於露出破綻。

我就看過許多相當溫柔的好人，忍受到最後，反而讓自己受傷的悲慘案例。我想本書的讀者，平常應該也會有這種煩惱。我想對這些讀者說，請在自己、他人、社會三者之間取得平衡，切莫忘了愛自己。

你、我、他，隨著在這世上與我們產生連結的人越來越多，更要記得不要遺忘自我。

例如，勉強扮演「好老公」、「貼心女兒」、「溫柔媽媽」、「乖孩子」的時候，心裡絕對會有不舒服的地方。一旦我們認定「一定要這樣照顧小孩」、「長大一定要成為某種人」的時候，人生就會變得痛苦不堪。

我、他人、社會……
與自己產生連結的人越多，
關係越複雜的時候，
更要切記不要失去自我，
並經常聆聽內心的聲音。

同時，不滿的情緒最後一定會大爆發，認為「自己為了家庭、為了公司，一直拚命犧牲忍受，但下場卻是如此。」

忍、忍、忍，即使痛苦到不行還是繼續硬撐，最後一定會想獲得別人的報答或回饋。期待他人報答自己的心態，會形成阻力，妨礙你前進的腳步。

所以，請經常自我探索答案。

「難道我也在對自己說謊、欺騙自己嗎？」

像這樣自問自答，讓言論、實踐、思考三者之間取得平衡。一個**用心傾聽自己聲音的人，會讓人生更幸福**。

我們會對自己真心以待的人事物感到樂此不疲，但偽裝自我，就會帶來種種困擾了。

讓我們一起朝「三方好」的三贏目標而努力吧！

人生百分之百會越來越順遂。

「三方好」的最大公約數

我要繼續講「三方好」的話題。

你是否曾經因為自己做的事和公司或主管下達的指令出現分歧而煩惱呢？想要在自己、他人及社會這三者之間取得平衡，就跟找出讓所有人都滿足的「最大公約數」一樣。

由於事關他人，所以必須具備相當高的社會性（Sociability），而即使心裡很清楚這一點，卻難以落實在行動中。相信沒有人一開始就做得到吧！

為了真正學習三方好的核心理念，必須每天反覆練習，也就是不斷累積失敗的經驗。

在我的認知裡，最接近三方好平衡的，是音樂領域中的「調音（Tuning）」。自己覺得舒適的樂音、對方和夥伴感覺動聽的樂音，以及聽眾聽起來感到悅耳的樂音，整合這三方的感覺，調整所有樂音的音高，形成一個有秩序的整體性排列。

所以，**想要找到令「所有人都開心」的解答，很花時間**。

優秀的領導者和成功人士，做事都有強迫和速戰速決的傾向，這或許是在商場和政治界生存的必要特性，但我不認為這是正確的。

對我而言，相較於強調所作所為的重要性，幸福更勝於這一切，因為它是所有人每天生活最大的公約數，而且，不用強迫的方式，事情也可以順利進行。**三方好的思考模式乍看之下似乎繞了一圈遠路，但其實這才是捷徑。**

音樂家和藝術家都是自由的創作者，但是，如果沒有客戶下單或是作品賣不出去，自己真正想創作的藝術和客戶的要求之間，就可能會產生落差。

能實踐自我的創意並可順應潮流固然很好，但這種事實在是少之又少。

在這樣的情況下，我會告訴自己「我的喜好非常多樣」，先完成作品再說，並且，在觀察對方的反應之後，再逐步調整作品。但是，這並不意味著犧牲自我，寫都不想寫的作品，我是絕對不會下筆，寫起來讓我覺得心情差或不快樂的作品，我也絕對不碰。

我嚴格遵守這個原則，如此既不會忽略了與作品相關之人的想法（生意），也不會忘記等待這個作品的人臉上所綻放的笑容。

再舉一個經常發生在家人或同事之間的例子。

假設自己很討厭吃中華料理，可是其他人全部贊成今天吃中華料理，這下子該怎麼辦？

自己當下的反應，可能會讓其中一些人心生不滿，卻也可能帶來一個讓所有人都滿意的「三方好」結局。

或許能事先在菜單中找到自己能夠接受的中華料理；例如如果只能吃餃子，不妨提出「那我們去好吃的餃子餐館。」如此一來，不是皆大歡喜嗎？

或是建議「我真的不習慣吃中華料理，不過，我知道有一家很好吃的義大利餐廳，要不要去呢？」可能會有人舉雙手贊成。不過坦白講，不喜歡中華料理只是個人主觀的偏見，如果吃過真正好吃的菜色，可能就會改變想法。

上述講的是個人喜好的問題，不過，也可能有人對某種食物過敏。此時，最好優先考量這個會對食物過敏的人的狀況。大家一起討論出最大公約數，並藉此瞭解有關過敏的知識，就稱得上是「三方好」的做法了。

雖然我在三方好這方面還是個新手，但是，我決定以最接近「三方好」的方式生活。

以出書來看，到目前為止，我出過約50本書，然而，相較於第一本書，現在所出的書，其內容更好、更充實。

由於出第一本書時，時間不夠充分，所以即使有人跟我說：「希望請您幫我們寫書。」我還是搞不清楚狀況。因為不瞭解出版界，也不知道編輯想要的是什麼，所以就只專注做自己的事，無暇顧及旁人。

不過，隨著經驗的累積，除了自己以外，我開始考量編輯、參與出版的團隊成員、出版界、書店以及讀者的想法等。現在，我寫書的時候，不僅想到自己，也抱持著希望所有人都能獲益、變得更好的心情。

在作家這條路上，我步履蹣跚地走來，體悟到：**朝著三方好的目標前進，累積經驗就能提升幸福感。**

人生無比美好。請大家找到最大公約數，取得生活中的平衡。

不會說話得罪人，不會燒香得罪神

與他人互動時，我最在意的就是提出建議。**認為是為他人好而提供的意見，也可能因為講的方式不恰當，而惹得對方不高興。**我們以為自己是站在好朋友的立場所提出的建議，往往變成「由下而上的批判」。

我從來不曾試圖改變他人。如果有人找我商量事情，我會和他們聊聊，但基本上不會多管閒事地說：「稍微改掉這些部分比較好……」亦不會對消極的人說：「不要那麼被動。」

以這樣的心態和人對話，自己也樂得輕鬆。

有些人會因為我的話而改變，但我從來無意改變他人。

舉一個日常生活中的例子來講，在我的書法教室裡，有些老師比較憨厚，有些老師則希望能多發揮自己的書法實力和個人魅力，認為「如果能多帶給學生一些感動，不知該有多好。」「如果能教得更有趣一些就好了。」

遇到這種情形，我會盡量避免去附和他們。假設他們找我商量，我大概也只是說：「如果是我，我會想辦法發揮自己的個性就好了。」

建議本身帶有「糾正錯誤」的意思，無論說法再怎麼含蓄包容，聽起來還是跟批評毫無兩樣，所以絕對會引起對方的抗拒，因此，提供意見時，一定要非常注意遣詞用句。

例如，在書法教室給學生意見的時候，直接說：「辶（辵）字部首的第一畫再稍微往上勾比較漂亮。」等於是告訴他：「你這裡寫錯了。」

碰上這種必須要求學生改進的時候，由於我是書法教室的老師，來學習的學生當然會受教，不過，如果他們沒主動問，卻被我說：「這裡寫得有點怪」的話，其實會感到不高興，即使我說得很委婉，他們聽了以後還是會不以為然。

大部分的人，即使知道是自己不對，仍無法坦然接受他人的指教。

雖然學生尊敬我是他們的老師，有問題會來找我商量，但是，我的意見被當成耳邊風，也是家常便飯的事。

看過我的書、聽過我演講而喜歡我的人問我：「老師，真的很謝謝您。您的話真的對我助益良多。請問，遇上這種狀況，應該怎麼做才好呢？」

我回答：「應該是這裡出了問題，這樣改善或許有效。」但是，對方卻說：「哎呀，那是不可能的。」當場否決了我的建議。

不過，我不在意，因為人類天生是一種複雜、麻煩的動物。

當他人來找你商量的時候，其實他的心裡通常早就有答案了。

有時，儘管會與對方發生不快，仍應毫無畏懼地說：「很明顯是這裡錯了，最好這麼做以便能改善。」即便對方一時無法接受你的意見，幾年後驀然回首，可能就會明白你說的話。

建議如同批評。
一旦有想要改變
對方的企圖，
或許會使兩人的
關係產生裂痕。

我還在上班的時候，曾經有一位很好的同期同事，注意到我的一個習慣。

他說：「武田，你習慣用手指著別人說話，這樣很不好吧！會令人感到受傷、害怕，好像被人用槍抵著一樣。」

有生以來第一次如遭當頭棒喝，當時我很難虛心接受他的指教，然而，自此以後，他的話不斷浮現在我的腦海裡。

每當與別人交談時，我開始學習控制自己的手指，並逐漸意識到「如果有人因為自己無意的行為而受傷，那就不好了。」

那位朋友是真正的好友，才會跟我說這一席話。現在的我，非常感謝他。

然而，我的例子是個案，原則上**給予意見時，請不要試圖改變他人。**

真的非講真話不可時，就要有彼此的關係可能會產生裂痕的心理準備。

默默守護，勝過干涉他人的選擇

擁有敏感個性、細膩特質的人該如何與他人互動，或是該如何給予他人意見呢？關於這些話題，我從自己的教養經驗和書法教室的教學過程中，獲得不少啟發。

我有3個小孩，老大10歲，生第一胎的時候尤其忙得暈頭轉向。小孩子無理取鬧早已是家常便飯，但哭到令人束手無策的地步，父母恐怕也只能舉雙手投降。

當時，我也強烈懷疑自己是否能做個好父親？

然而，到了第三胎的時候，照顧起來完全不像第一胎那樣手忙腳亂。無論鬧脾氣的是老二或老三，我都能老神在在。

產生轉變的不是小孩，而是父母。所謂一回生、二回熟，一旦掌握了照顧孩子的訣竅後，就算他們鬼哭神號，我仍然可以不為所動。

另外，書法教室剛開業時，因為剛開始教學，而太在意學生的反應，所以感到很困擾。還曾經因為被年紀小的學生揶揄「老師，你的字好醜喔！」而沮喪一整天。

把這件事跟其他人說，竟然有人佩服地說：「真是有度量！可以容許學生說『老師，你很差。』」然而，由於我希望在教室內營造出自由的氛圍和拉近師生間距離的水平關係（非垂直的上下關係），因此，便任由學生說：「老師，你好土氣。」或叫我「歐吉桑」。

雖然剛開始會感到有些失落，但是，**逐漸瞭解小孩的世界後，無論他們對我說什麼，我都能神色自若、處之泰然。過了15年，現在我對於他人的反應和意見，都可以欣然接受。**

我知道人有時會有口無心，對我展現攻擊態度的孩子，當時其實承受著來自家庭和學校的強大壓力。

有些孩子來自不幸的家庭，有些孩子則因為親子關係惡劣而不善於溝通，他們的家庭背景和成長環境各不相同。

經過思考後，我希望自己能守護這些孩子，帶給他們溫暖，讓他們對於這個世界不再如此敏感，不會因為眼前的事情而動搖心志。

在第1章曾說過，我沒有自信能勝任老師一職；我沒辦法以上對下的立場，強勢地指導學生，也放棄像領頭羊一樣，站在前方發號施令。

正因為如此，我才能找出適合自己的教學方式，不做一個高高在上的老師，而是從旁助他們一臂之力，也就是我希望能成為他們生命中的陪跑員。

不強迫對方一定要朝自己期望的方向邁進，也不以「善意」之名，干涉他人的選擇。我盡量自然地傳達自己的想法，並祈禱對方能獲得幸福。不僅是學生，我對所有人皆展現相同的態度。

就這個層面來看，無論是在書法教室提供建議或寫書，基本上我都是抱持一致的立場。

書中雖然會出現「最好這麼做」的說法，但是，基本上只是希望當讀者遇到類似困擾時，可以參考我的做法，與面對面直接指出缺點的方式截然不同。

由於我們無法控制他人的未來，因此，我認為人與人之間應該保持一種平衡的關係，也就是煩惱時，可以聽取我的意見（閱讀我的著作），而我將盡可能地提供協助，但是不會做過多的干涉，只在一旁默默守護，和人保持適當的距離。

用溫暖的眼光看待自己

當人陷入不安、焦慮、憤怒、低落的負面情緒時，視野便會莫名地狹隘起來，並且一直鑽牛角尖。

「自己怎麼會口不擇言呢？」

「怎麼會那麼意氣用事呢？」

等到情緒平靜下來，一般人都會懊悔不已；而心思敏感的人，更是煩惱到徹夜難眠。這個時候，**我會透過「分身」，從旁客觀地守護思緒敏銳的自己和焦躁不安的自己。**

心中充滿不安、覺得自己被逼得走投無路、陷入情緒化……當有這些負面情緒時，不妨試著在心裡默唸：

「表情變得好猙獰，把自己逼得太緊了吧！」

「在急什麼啊！」

「啊，不小心發了脾氣，怎麼辦呢，先冷靜一下！」

聽起來似乎很愚蠢，但效果卻很好。

這是以前和別人聊天時，對方告訴我的方法，據說參加環球小姐選美的佳麗，也會練習客觀地審視自己。

例如，觀察自己的身材比例，練習臉部表情、調整說話的音調、表現個性等，別人眼裡所看到的她們，就是她們平日練習所展現出來的樣子。

一般人在審視自己的外貌時，通常會放寬標準，但是，這些佳麗就不一樣了，她們是從外界的眼光（評審的角度）客觀地審視自己，努力地將缺點變成優點。

會從客觀的角度來審視自己的，還包括演技和肢體語言要接受觀眾打分數的藝人、模特兒及舞者等。

如果有「另一個自己」，
關照著心思細膩、敏銳的自己，
就能使我們擁有更寬容的心胸。

當然，我們不必像他們一樣，以高標準來嚴格地鞭策自己。**對於心裡容易受傷的人而言，更重要的，反而是「用溫暖的眼神多關愛自己」。**

在我心裡擁有這種溫暖眼神的人物，是漫畫《哆啦A夢》中大雄的奶奶。雖然她在漫畫裡是個已故的角色，但是，奶奶的溫暖包容了大雄的一切。

請你也在自己身旁，創造「另一個客觀且溫柔地守護自我的自己」。

客觀地審視自己看似遙不可及，不過，如果有意識地去做，就會發現不是不可能的任務。

若能躺在吊床上，或是坐在陽台上喝咖啡，悠哉地審視自我，我想這就是最理想的狀態吧！（笑）

CHAPTER 3

容易受傷，是因為你比別人更優秀

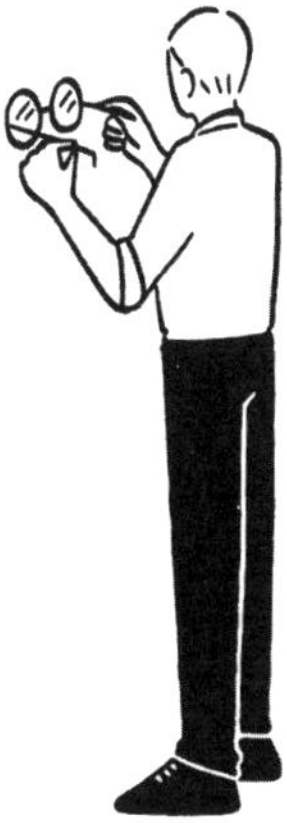

學會被討厭，不再討好所有人

「他的工作能力不錯」、「他做事不行」，在職場上，我們常常會被拿來跟其他同事比較。如果你是個很在意別人評價的人，每天待在這樣的工作環境中，還真不是普通的辛苦。

該怎麼解決這種問題？總歸一句話就是「不要在意他人的評價」，然而，說得容易，心境卻無法立刻轉換到這種狀態，所以人才會有那麼多煩惱吧！

因此，我要說出不必在意他人評價的諸多理由。

無論出自他人嘴裡的是好話還是壞話，都任憑他們去說吧！過於在意他人評價的人其實是很愚蠢的。

除了書法之外，我也會擔任繪本、俳句、插花等各種比賽的評審。

從擔任評審的經驗中，我發現比賽審查的重點，在於現場的流程、氛圍及比較各作品的優劣；說得清楚一點，大多是依照評審的個人喜好來評分，而沒有一個審核作品的絕對標準。

評斷他人的時候，同樣不存在一個絕對的標準。

也因此，被評論的人會感到懊惱和狐疑，所以才說，對於他人的評價耿耿於懷根本無濟於事。

如果無法理解別人對自己的評價，可以藉由改變環境來遠離煩惱。

因為，當環境轉換之後，評價也會跟著改變。

一向被人瞧不起的員工，調動職務，換到其他部門或換了一位直屬主管後，評價變得越來越好，之後一路平步青雲的例子時有所聞。

所以說，人所獲得的評價，其實是相對、多樣且曖昧、模稜兩可的。

然而，雖然我自己辭職了，但我不會隨便就向別人建議：「不如把工作辭了。」因為，辭職會令人感到不安和恐懼。

總之，個人可以選擇去留。如果無法脫離這個大環境，就要有淡定以對的體認。

針對上述做法，我認為搞笑藝人出川哲朗是一個最佳典範，值得大家參考。我曾經和出川先生同台演出過幾次，他負責被其他藝人欺負、吐槽以博得觀眾的歡笑聲，是演藝圈「反應藝人」中數一數二的佼佼者。

連這麼厲害的出川先生，也不是一路被捧得高高在上的。當然，同台過的藝人都知道他的過人之處，但社會上一般的評價（可能也包含業界的評價）卻質疑他所得到的高評價，和實力是否相符。

然而，出川先生本人說，他自小做事始終如一，從以前他就一直做「出川哲朗」，不曾改變過。

直到最近他才熬出頭，受到廣大的好評，我想，就是因為他堅持不懈、始終如一做自己該做的事。

他人的評價，
和天氣一樣多變，
努力做自己，
才是最重要的。

前面提到，他人的評價會受到現場氛圍和個人喜好的影響，然而，**正因為是情緒和喜好的問題，所以評價這種東西，就像天氣一樣變化多端，討厭的事物有一天也會突然變得順眼。**

現實生活中，也發生過原本看誰不順眼、合不來，在某個因緣際會下，兩人竟然變成知心好友的情況。

那麼，外界又是如何評價我的呢？

在書法界，根本沒人把我當一回事，甚至有人說我年輕、歷練少，只會標新立異和上節目打知名度而已。

但是，也正因為我的這些表現，得以讓一般觀眾、讀者成為我的粉絲，即使是對書法沒興趣的人也會說：「我知道武田雙雲是誰。」因此，我真的不在意書法界對我的評價。

無論你能不能脫離現在的環境，都一定要努力做自己。

被他人的評價牽著鼻子走、影響自己的人生，實在是賠了夫人又折兵，太不值得了。

謝謝你批評過我

當我說：「我很在意別人的批評」時，似乎有很多人感到訝異。

這大概是因為在我的書名和演講中，經常出現「正向」這個名詞吧！

對於他人的批評，我其實在意得不得了。

在演藝圈和藝術界，全力「博得人氣，獲得網友普遍認同」的人，才能成為活躍的佼佼者。在這些圈子裡混的人，幾乎沒有人不在乎自己的評價高低、好壞。我想，應該有很多名人會在網路上搜尋自己的名字（Egosearching）。

而且，我還是一個對他人一舉一動相當敏感的人，生活中更是遵從「三方好」的原則，所以，怎麼都無法對別人的批評指教視若無睹。

我有觀察他人反應的習慣，好讓自己能與他人維持和諧的關係。

所以，正確地講，**我在乎他人的批評，卻不會以負面的情緒面對。**

由於我是念理科出身的，所以會以「化學實驗」的思考模式，處理他人對我的批判。

首先，我會確認事實。在心裡試想「啊，原來他對我是這種看法。」「關於這一點，很明顯是個誤會。」「他所依據的報導，根本是錯誤的。」等，審視別人到底做了哪些批評。

接著，如同做實驗時，會添加各種化學藥物，使之產生化學變化一樣，我也會採取各種因應策略來處理他人的批評。「哦，原來這樣處理沒戲唱。行不通，那再試試下一個方法。」冷靜地分析結果。

在這個過程中，不戴有色眼鏡地去評斷是正面還是負面的做法。

而且，我的分析可是非常鉅細靡遺的。

例如，我寫部落格相當注重感覺，用字遣詞幾乎都是以類似「公厘」的極小單位來計算語氣的強弱濃淡、輕重緩急。

濃度失之毫釐差之千里。也就是說，文章表現手法的細微差異，或許就會傷害到擁有敏感體質的他人（讀者）。

當然，如果我遭受的是惡意攻擊，當下也會暴怒。

就像突然被人打了一拳，或偷捏一把，會覺得疼痛一樣，絕對會在瞬間有所反應，因為這是自然的生理本能。

強勢的言語，如同一把利刃，往往會成為傷人的凶器。網路上的惡意攻擊如同言語霸凌，可能會在別人的心中劃下一道道傷痕。當我受到不友善的批評和謾罵時，就會立刻和書法教室的學生和朋友分享，詢問他們：「你覺得這個人怎麼樣？」「有人這樣說我，你有什麼看法？」廣泛蒐集大家的意見，以供自己參考。

我之所以這麼做，一方面是為了得到大家的安慰（討拍），另一方面也是為了找出自己受傷的原因（覺得受傷的要因），並沒有要評斷是正面或負面的意思，僅是在好奇心與求知慾的驅使之下才這麼做。

例如，被骨瘦如柴的人說「胖」，我也不會生氣。**如果被罵「白痴」就一肚子火，表示本身認為自己有一部分確實是如此（自卑感）。**

反過來看，「既優秀又認真的人」就會往好的方向解釋白痴這個字眼，「希望自己笨一點」，被說：「這傢伙真的很笨。」反而高興地說：「謝謝。」

所以，**受到他人的批評不一定都是壞事，反而可能是一個契機，讓我們發現存在已久的心結，了解自己自卑的是什麼，並思考如何去克服。**

就這個意義而言，批評的功用，就像珍貴的石蕊試紙一樣。

真誠的表達更走心

我不會在書法教室裡讚美學生。

聽到這句話並感到詫異的人，通常會問：「不誇獎學生，要怎麼教學生呢？」

我當然不是完全不說讚美的話，而是，當我看到學生的作品和他們孜孜不倦學習的身影時，在情緒上是相當感動的。我會直接誇獎：「哇，寫得真好。怎麼寫的？」或「哇，這一筆勾得很漂亮。」等，這樣一來，學生便可以領受到我感動的心情。

然而，我並不是先將學生與「他人」或「過去的成績和行為」比較之後，才說出讚美的話，而是發自個人內心的佩服和感動。

我之所以會這麼做，其實是受到父母親的影響。

在我的記憶中，自小父母就不曾對我進行「比較評鑑」。在學校考高分的時候，父母不會以「考得比上次好」或「分數比某某某高」的方式來誇獎我。

我的父母在我分享自己的想法時，通常會說：「你想得還真深入」或「你的觀點很棒」等，告訴我他們「當下所受的感動」，這給了幼年時期的我很大的力量。

個性敏感的我，現在能寫出一本教人如何克服敏感性格的書，都要歸功於我的父母。所以，我認為**心思細膩、個性敏感的人，很容易就能察覺到令人感動的事物。**

而且，怎麼誇獎也是一個不好拿捏的難題。很多時候，自己覺得是在誇獎對方，但對方卻不這麼認為。比較的眼光和比喻式的稱讚，可能會弄巧成拙。互相比較之下所做出的褒獎，或許會傷了其中一方，而隨便舉例也不是恰當的做法。

我有一位好朋友就是這種人。他對漂亮的女同事說：「你長得好像某某某（知名藝人）。」女同事竟然立刻翻臉，兩人的關係自此決裂。

發生這種狀況，一定是因為這位女同事不覺得那位藝人是個美女吧！「長得很像某某某」的說法，很多時候都不討喜，就算是被拿來當比喻的人美如天仙，對方還是常常不領情。

剛剛提到的那位朋友，反省了自己的說法，認為「每個人心目中對美女的定義不同，而在我說『長得很像某某某』的時候，表示被我讚美的人『沒有某某某來得漂亮。』因而當下才會產生一股怪異的氣氛。」

當然，以比較的方式誇獎別人不是一件壞事（尤其是拿當事人的過去和現在相比）。但是，受到誇獎的一方，是否都會高興呢？這可不一定了。如果不是舊識或相當清楚事情的來龍去脈，通常都會誇錯了還不自知。

並且，當人執著於讚美他人的時候，讚美就會變成一件麻煩事。因為，要花心思想出適當的讚美話，如果太過浮誇，還會不小心造成別人心中的「疙瘩」，徒增人際關係的摩擦。

因此，對人際關係的敏銳度越高的人和越體貼的人，對稱讚他人更是要慎重以待。

我秉持不評價的原則，直接表達自己當下的感動，我認為這對雙方都好。

然而，傳達感動也要打鐵趁熱，否則時間一久，就會失去最質樸、直接的感動，而轉換為經過大腦思考的評價，對方也會感受到你評價的誠意。

如果你苦思於如何稱讚他人，請試著停止用頭腦思考，不妨戴上「感動的眼鏡」看待他人，並且，直接表達出自己的感動。如此一來，與他人的溝通和互動，一定會更加順利和輕鬆。

戴上「趣味眼鏡」翻轉負面情境

接下來要說的是「趣味眼鏡」。

在我還是一個上班族的時候，我的興趣是蒐集同事們的牢騷。

學生時代，我沒聽朋友說過任何稱得上是抱怨的話，但是進入職場後，處處充斥著怨言。這些話聽在我耳裡相當新鮮，我不但聽得津津有味，更從超越正面、負面的觀點進行分析。

所以，一有空我就往牢騷熱區「吸菸室」跑，跟那些抽菸的人聊聊天，而且不只到我自己部門的吸菸室，還會刻意繞到其他部門的吸菸室串門子。

抱怨的內容真的是五花八門。像是埋怨主管：「我都這麼賣命了……」或是抱怨部屬：「真不知道為什麼做不到我的要求？」或是講家裡的情形：

「最近和老婆還有小孩吵架。」或是義憤填膺地抱怨：「這個世界到底是怎麼了？」等，每個人都有自己的怨氣要吐。

但是，所有人的一個共通點就是，牢騷很多。每個人都像是積怨已久，不吐不快，抽菸的同時，牢騷也發個沒完沒了。

同期同事的抱怨姑且不論，我想一般而言，應該沒人有興趣聽主管和前輩的怨言，但是，**藉由聆聽他們的抱怨，我可以更深一層地理解人性並深入探索自我**。

聆聽抱怨可以達到這種功效，原因在於抱怨不是因為人懦弱或消極，反而可以說是帶有一種「想要盡力完成一件事卻失敗」的積極心態。

就算這麼說，大家或許還是難以想像為什麼要聆聽別人抱怨。

有一個重點是，當我聽別人吐怨氣的時候，我會戴上「趣味眼鏡」。

這是一個相當有用的工具。

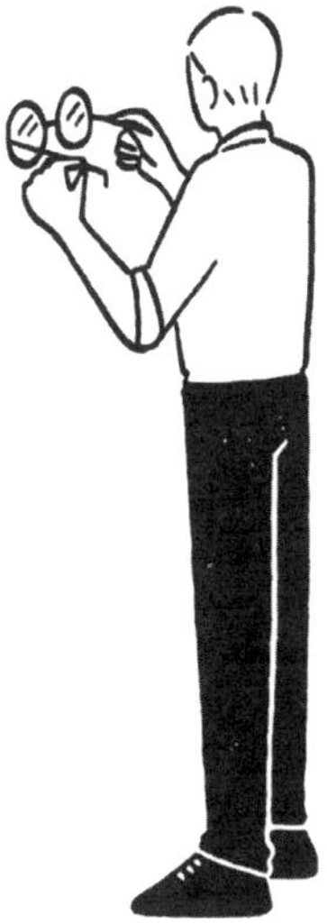

戴上「趣味眼鏡」，
任何令人不悅的事，
都能用幽默感化解。

戴上這副「趣味」眼鏡，不用去評斷好壞，任何事立刻會變得趣味橫生。無論是面對自己討厭的人或是惡劣的服務時，都可以看作是一種「個性」。

例如：被主管狠批一頓、捷運延誤導致上班遲到、買東西遇到態度惡劣的店員等。與其暴跳如雷、連珠砲般地抱怨，不如把這種「誇張」的體驗告訴閨密，心情反而能變得舒緩。

一旦有惹人厭的事發生，反而會因為「有料可以爆」而感到開心。如果遇上悲慘的事，或許還會因為「不夠慘」而覺得遺憾。

我有很多藝人朋友都藏著一副精采絕倫的「趣味眼鏡」。他們隨時可以發揮幽默感，看待生活中的每件事物。超越正面、負面的評價標準，什麼都可以成為聊天和相聲中的梗，這都是拜「趣味眼鏡」所賜。

當然，**並非每一件事都可以用幽默來化解，但是，「趣味眼鏡」確實是享受快樂生活的必備品。**

謙虛不是遷就，更不是壓抑忍讓

雖然不想對他人阿諛奉承，但是，有時就是會強烈地希望「成為大家關注的焦點」、「不想被人討厭」等，以至於讓自己被他人牽著鼻子走。

在面對同事、朋友、職場夥伴或是戀愛、婚姻聯誼、工作面試等場合時，更是具有這樣的傾向。

過度遷就別人以至於無法發揮自己的長處、總是壓抑自己的情緒、謙遜過頭，使自己和他人之間形成上對下的關係。我想大家或多或少都有過類似的經驗吧！

面對這種狀況時，我希望對他人情緒非常敏感的人，可以發現「對方與自己之間之所以會形成上對下的關係，無非是自己的情緒使然。」

我前面曾提到，我擔任過眾多比賽的評審，而在評選作品的過程中，作者表現出來的態度更是顯而易見。

例如，在這些參賽作品中，有些是我覺得奇差無比的作品。這些作品不是在分析賽事的趨勢並做出因應的對策，而是一味地表達「請選我」、「好想入選」、「拜託評審」等，散發出諂媚的氣息。

這種風格的作品，反而不受好評。

參賽者的意圖終究逃不過評審的犀利目光，所以評審更會毫不遲疑地給予「還太嫩」的評價；連不是這種狠角色的我，也不自覺地用高高在上的角度評論各個作品。

相反地，那些得獎的作品則是可以完全呈現作者的想法、意念，它們緊緊扣住觀眾的心弦、帶來單純的感動。作品得獎的作者，都不是由上而下或由下而上的角度創作這些作品，而是站在與評審相同高度的視野，原原本本地展現出自我。

尊敬他人本是出於一片好意，
但如果表現得太過謙卑，
就會在不知不覺中形成上對下的關係。

作品和創作者之間原本就不存在著上對下的關係。

雖然尊重對方很重要，但是，如果這只是自己單方面的想法，就會產生上對下的關係。

我以創作者的身分創作時，也是抱持相同的心態。受到讚賞固然值得開心，然而，我並沒有過於在意業界的評價，而且，我踏入書法界也不是為了譁眾取寵、沽名釣譽。

再者，「想獲得特定人士認同」的想法，大概等於是「向對方俯首稱臣」。說難聽一點，就是處於被對方控制的狀態。

他人的評價說變就變，沒必要讓他人的評價控制自己的人生，儘管如此，有些人還是殷殷期盼著「他人的賞識」，對此，我也無話可說。

不過，至少我是不會想要活在他人的權威和上下附屬的關係當中。

雖然人類免不了會被他人評論，但讓輿論主宰自己的人生也未免太過辛苦，為了他人的認同而活豈不可悲！

「自信」即「相信自己」。

所以，請對自己有信心。

不曉得信心打哪來，莫名地有自信也無妨。

你絕對會遇到賞識你的伯樂。

丟掉心中「比較」的那把尺

人經常擅自用某種標準，比較彼此的差距，而且以極小的單位來判斷誰高誰低，或者認定誰優誰劣。

學校成績逃不過這樣的比較，運動比賽、容貌、公司、職位、收入等更是比較的熱門項目。**或許人類生下來即已注定不與他人比較，便無法感受幸福的宿命。**

前幾天，我在網路上看到一篇令我大開眼界的新聞報導，內容是「住在Tower Mansion高樓層的住戶，個個都趾高氣揚、眼睛長在頭頂上；而低樓層的住戶如果與高樓層的住戶一起搭電梯，往往也會覺得矮人一截。」

可是，在外人的眼裡，住在這棟高級大樓的人，哪一個不是有錢人？

像這樣莫名其妙感到自卑的故事，充斥在社會各個角落。

我個人很厭惡以「上下」的思考模式，來評斷人和事物的價值。況且，世界上也不存在著絕對完美的人。

至今為止，我見過許多政經界、演藝圈、體育界的名人，這些名人都是「社會菁英」，但是，沒有任何人是絕對完美的，一定都有其優點和弱點，也會為微不足道的小事煩惱。儘管他們的表現、成績、人格等都備受尊崇，不過，本質上依舊是個普通人。

當自己與他人比較後產生強烈的自卑感，不妨丟棄比較的那把「尺」，這會讓自己活得更自在快樂。

所有人用來評斷人事物的標準都太死板了。

好比全世界跑得最快的人—尤塞恩・聖李奧・波特（Usain St. Leo Bolt），他的速度絕對比不上獵豹，在動物界根本就是「龜速」。

另外，重考、留級1年，在多數人眼中是浪費時間的事，但以整個人生的長度來看，一點也不算是繞了一大圈遠路。

視野過於狹隘、喜歡與人比較，會令人苦不堪言。

不管別人是用何種標準來評斷你，至少自己要使用有別於此的標準，放自己一馬。

先入為主的判斷不一定準確

講到眼鏡，有一種眼鏡叫做「有色眼鏡」，意思是先入為主的看法。在即將與陌生人初次碰面時，人們習慣事先透過各種資訊（職業、學歷、年齡、工作成績等個資）為對方打分數。

例如，如果對方是一位大學教授，無論對方說了什麼，都會覺得長了知識，而感激不盡地全盤接受。反之，如果有人提出忠告：「千萬別相信這個人。」無論這個人發表的言論多有內涵，你還是會小心翼翼，避免受騙。

所有人皆會受所接收到訊息的影響，因此，這也是無可厚非的。

剛認識新朋友的時候，我也會以有色眼鏡來看待他人，並且會受到實際見面後，所產生的第一印象影響。

然而，**我不會相信初次見面時的所有判斷。儘管我仍會初步評斷一個人，但是，絕不會擅自做過多的評價。這些判斷都以「暫時」的狀態存在。**

因為，自己的評斷其實是由質量皆不足的「第一手訊息」而來的。一般而言，還會陸續有第二手、第三手、第四手、第五手、第六手訊息，因此，即使接收了第一手的訊息，也不會只憑一次的資訊便妄加斷定。

我到現在都還會發現老婆新鮮的一面。這些是我從來沒見過的一面，更重要的是，老婆自己也隨著年紀在改變。經過10年，即使個性仍一模一樣，價值觀卻會有所差異。

舍弟也是一樣。我有兩個弟弟，他們值得讚賞的地方逐年增加，看著他們，我不禁會想「你竟然有這種優點」。

我也持續地在改變、成長，以前死都不肯原諒的事，現在變得可以釋懷；原本固執己見，現在卻學會放下身段；當初的急性子現在也消失不見了，變得輕鬆自若，對任何事都能泰然處之。

如果讓現在的我來評論20年前的自己，我一定會告訴他：「多點耐心。」由於體會到家人和自己的改變，所以更會小心避免重蹈覆轍，以片面的資訊評斷他人。

在我的書法教室裡，有很多已經來了10年以上的資深學生，然而，每天相處下來，邁入第10年後，也經常發現「啊，原來他是這樣的個性。」「原來他也有這樣的一面。」等。

平常態度強勢的人，偶爾也會露出脆弱的一面；平常看起來沒什麼特殊長處的人，也會突然展現深藏不露的才能。人類真的是一種令人驚奇不已的動物，時常展現出連自己都不知道的性格。

而我之所以喜歡人，即是因為我會從「趣味」的角度看待第一手資訊，並期待獲得第二手、第三手及第四手的資訊。

假設在職場中與他人初次見面，對方態度卻相當惡劣；雖然這種狀況很少見，不過，即使對方態度輕蔑，我還是會當作趣事來看。

每個人都戴著「有色眼鏡」觀察他人。

但是，期待對方展露沒有看過的一面，也非常重要。

真的滿有趣的不是嗎？

明明是特地來接洽工作，對方卻展現這種令人匪夷所思的態度。他會有這種態度，背後一定有原因，而且，初次打照面就展現這種異於常人的個性，他肯定還有更多我沒看過的一面。

思考方式一旦改變，我對獲取第二手資訊自然是更加期待了。

我們無法單就一個反應，就去揣測他人的本意。或許只是他剛好身體不適或心情很差，反之，笑容可掬、令人留下好印象的人，也可能不過是周到地說說場面話而已。

我的工作不管是個展、演講或參加電視節目錄影，都必須在大眾面前曝光，因此，我也練就一身不受別人的反應影響自我心情的好工夫。

例如，在個展上，有人對我說：「哇，我是你的超級粉絲。見到你真是讓我太感動了。」卻一張作品也沒買（笑），反之，有很多板著臉逛展覽的人，倒是買了我的作品。

在演講場合中也是一樣，有次我看到觀眾席中有位男性聽眾，似乎覺得演講很沉悶，這讓我大受打擊，在演講結束後的簽名會上，沒想到，這位男性聽眾竟然對我說：「演說內容令人非常感動」，並表示希望和我握手。

因此，如果能繼續期待接踵而來的訊息，對任何事情都可以一笑置之。

發現事物背後的真相

某個領域中的專家和外行人，所看到的世界絕對截然不同，這點無庸置疑。外行人以肉眼注視某件物體時，專家的眼睛則好比放大鏡或顯微鏡，會不自覺地對物體觀察入微。

單就這個意義而言，專家通常都戴著一副功能極佳的「敏感眼鏡」。

舉書法的例子來講，當學生的作品映入我的眼簾，我看到的是一筆一畫的勾勒、動作、墨水顏色和滲透度等所有的細節。

不僅是作品本身的狀態，由於每天與學生朝夕相處，我也能從作品中發現他們今天背部比平常用力或專注力不足等。

我想其他領域的專家，觀察力應該也是如此細膩。

專業的作家和編輯閱讀文章時，一定比一般人看得更仔細、深入。創作者和設計師在鑑賞作品時，同樣也是以專家獨到的眼光仔細凝視。

由於對他人的作品剖析得極為透徹，甚至有專家表示「不能真正享受作品所帶來的快樂。」與北野武同台時，他說：「我已經無法和一般的觀眾一樣看電影。」而某一部分的我也是如此，能夠一針見血（探索本質）地看透別人的作品，還真是改不掉的職業病。

儘管如此，我仍然不覺得能夠將事物看得如此清晰、透徹，是一件無聊的事。

因為，**看得清晰，除了會將他人的缺點一覽無遺之外，也意味著比一般人更能發現他人的優點和厲害之處。**

洞悉事物的能力，在我的人生中，等於是一副功能極佳的「敏感眼鏡」。

至少我已經放下批判、憤怒、自責等意念，不去批評他人的作品，也不對學生說教。

相反地，當我看到優秀的作品，也不會產生不如人的念頭，更不會用自我嫌惡來折磨自己，而是沉醉在單純的感動和驚喜之中。

即便不是專家，也可以做到這一點。

許多民眾其實也具備高尚的品味和良好的教養，在自己擅長的領域中，能「清晰到位」地欣賞別人的服裝、作品或品嚐料理等。並且，觀察力敏銳的人，從他人的言行舉止，就能精準地看出一個人的個性和背景等。

發揮這種能力的時候，很重要的一點是，**對於「自己擁有一副功能極佳的『敏感眼鏡』」要心懷感激，將敏感與「幸福」做連結**，而且，尊敬眼裡的事實（他人），即使看到觀感差的部分，也不應以自己的價值觀任意評斷。

針對這一點，我有必要再多說明一點，長年處於指導的位置上，使得我在鑑賞學生的作品時，不禁會將目光聚焦在相當小的細節上，包括作品的缺點、有氣無力、態度草率等。

但是，我不會因此感到焦躁煩悶。即使看見他人的缺點，也不會做「情感」上的連結，因為我不去妄下評斷。

這也說明了會產生焦躁煩悶的情緒，主要是因為我們習慣以「這樣才對」、「必須採取某種行為」、「他應該這樣」等自我的價值觀，由上往下地評價他人。

如果不捨棄這樣的評價方式，就只能一而再地注意（批評）他人，逢人就說「為什麼寫不出這樣的字？」「乖一點好嗎？」「那件事我不是說過了嗎？」等。日子過成這樣，彼此都會很辛苦、悲哀。

我要再強調一次，**擁有「敏感眼鏡」是一種福分，然而，對所見之物心懷敬意，勿以自己的價值觀任意做出膚淺的評斷。**

心思細膩，才能化危機為轉機

以前，我有嚴重的「飛行恐懼症」。

這也是起因於想太多的敏感個性。碰上非搭飛機不可的狀況，我一定緊張兮兮，大約從搭飛機前的一星期開始，就會不斷胡思亂想「失事的時候，哪一區的位置最容易獲救？」「最安全的航空公司是哪一家？」「雖然公司經營有問題，飛機的安全檢查總有好好做吧？」因而導致失眠。

我會罹患飛行恐懼症，是因為高中時期全家一起去關島旅遊，當時飛機遭遇氣穴急降，機艙內驚叫聲四起。飛機本身的搖晃不算劇烈，但是，回國後我誇大地跟同學說：「還以為機翼斷了。」而在不知不覺中，自己煽動了恐懼的心理，讓此次搭飛機的不愉快經驗深深烙印在心底。

只要一想到搭飛機，我就渾身緊張、焦慮不安。因為容易陷入這種狀態，所以有一段時間我發誓不再搭飛機。

而「蒐集對自己而言正確的資訊」，讓我得以克服恐懼。

我之所以說「蒐集對自己而言正確的資訊」，是因為飛機不是我的專業領域，所以難以判斷什麼是正確的資訊。

在不安的情緒中尋找資料，自然會在搜尋引擎的檢索畫面中輸入「飛機、不安、危險」等關鍵字，而出現的資料當然也會告訴你搭乘飛機有多危險，反而令人更加不安，然後繼續找資料，恐懼又加深，因而陷入負面循環之中。

更有甚者，某間航空公司發生事故、看到機場地勤人員一個個精神不濟的樣子、行政部門的員工遭到免職處分等消息，都會讓我懷疑「安全沒問題吧？」操心個沒完沒了。

而救贖我的，是偶然在書店裡看到的一本書《給不敢搭飛機的你─克服飛行恐懼症》（Bonnie Takizawa 著，Uniflex-marketing 出版社）。

這本書的內容，包括說明飛機的構造與飛行原理、透過機率來解釋飛機是世界上最安全的空間，搖晃與墜毀沒有關係，並且教導讀者如何調整搭飛機前一天和當天的生活等，全都是我想要獲得的資訊。

吸收這些資訊後，我開始可以冷靜地思考飛機的安全性和方便性。我曾經因為討厭飛行，所以一路開車到關西，但是，現在我終於知道，開車發生意外事故的機率，比飛機高出了幾百倍。

「飛機、安全、舒適」的搜尋關鍵字，逐漸取代「飛機、不安、危險」。而我花了5年才完全克服飛行恐懼症。隨著飛行次數的增加，慢慢地，我搭機前一天也能安穩入睡，甚至開始享受在飛機上的時光。

我的恐懼心理不是在瞬間就消失，感覺也沒有突然變遲鈍；但是，**我慢慢學會不再焦慮，讓時間沖淡恐懼。**

神奇的是，在我幾乎不再害怕飛行的同時，也開始喜歡自己經常搭乘的航空公司，而北海道、沖繩及國外的工作邀約也一個接著一個的不請自來。

經過這一連串的紛擾，我領悟到，即使心思比他人細膩、敏感，但是，「敏感特質絕不是一件壞事」。

個性敏銳的人，由於能輕易嗅到危險的味道，所以能妥善做好危機管理。為了讓自己安心，會全面蒐集相關資訊；最後，豐富知識的同時也克服了弱點，替自己的人生增添不少樂趣。

CHAPTER 4

遠離負能量的「情緒炸彈」

不用擔心，一切都會安然無恙的

「自我掌控情緒」是我的簡單生活方針。

意思是，即使身邊有人心情不好，他人是他人，我是我，絕不讓自己捲入他人負面情緒的漩渦中。

我想已婚的人一定心有戚戚焉，另一半突然生氣，自己卻搞不清對方生氣的原因……大家應該或多或少都有這種經驗。

或者，公司的主管一急躁起來，自己也無端被流彈波及，躺著也中槍。

如果碰到上述狀況，我是不會想去蹚渾水的。雖然僅是短暫接收到他人的負面情緒，但我堅決不捲入，只會在心裡默默地想「沒辦法，人總是會有類似的情緒。」

我會產生這種想法，是因為受到父親的影響。

我的父親經常發布競輪單車競速運動的結果預測和分析報導，因此，比賽勝負結果、下注的運動彩券有沒有中，這些都會讓他的心情有著三百六十度的大轉變。

而且在我們家，父母吵起架來也是不得了，家裡的「天氣」經常是晴時多雲偶陣雨，父母一吵起來，全家也就會不得安寧。

在這種環境下成長的我，理所當然地學會切割情感，我是我、別人是別人，自己的情緒自己掌管。

然而，再怎麼說我也是人，一個疏忽，還是會讓自己的情緒跟著他人團團轉。由於本身就容易擔心，一看別人的臉色不對，就馬上遷就迎合，不敢說真心話和「NO」。

我表現出來的開朗樂觀，並不是與生俱來的。身為一位書法家，將自己和作品公諸於世，一旦太過敏感，就會活得很辛苦。

所以，我刻意鈍化自己的感官。

因此，我想告訴生性敏感而活得很辛苦的你，「不用擔心，一切都會安然無恙的。」有耐心地照著我的方法練習，你也可以學會在各種場合，靈活運用敏感力和鈍感力。

接下來要介紹練習的方法。

我經常運用「心態建構法」。

許多運動員每天都會建構（強化、統整、改變等）自己的思考模式、心緒及情感等。

比如說，每天早上出門前對自己喊一句「好，今天也要快快樂樂地過！」或是看到晴天便說「太棒了！」反之，雨天也要開心地講「最喜歡下雨了！」

適時調整自己的心態，即使連假結束、隔天上班天氣開始轉壞，也不會跟別人一樣唉聲嘆氣地說：「好煩哪！」

心情跟著身邊的人起起伏伏，
覺得人生好痛苦。
但，自己是自己，
要為自己而活，
別讓他人綁架自己的情緒。

由於我的名字當中有一個「雲」字，所以自小就很喜歡雨天，但是，身邊的人只要一遇到陰雨綿綿的天氣，就個個眉頭不展。小時候聽電視上的氣象播報員用「不巧是雨天」，來形容我最喜歡的雨天，真是令我大為不解。

晚上睡覺時，我偶爾會因為白天發生了讓人情緒低落的事而失眠。

為了順利進入夢鄉，我內心不斷喃喃自語：「睡覺，是一件值得感恩的事」，藉此安慰及催眠自己。

但是，當我問書法教室的女性員工對睡眠有什麼想法，有人說：「睡覺是最簡單輕鬆的事，柔軟的枕被最舒服了，好像躺在雲朵中，超幸福的。」

我對這樣的觀點非常好奇，而試著揣摩後，也開始可以感受到躺在被窩裡是一件快活的事。

而且，我們並不是自呱呱墜地的那一刻起，就對某樣事物抱持著厭惡的想法，而是受到家庭和過去經驗的影響，對某樣事物做出「不喜歡」、「討厭」的解釋。

只要改變心態，負面的解釋也會跟著產生變化。讓我們在討厭的事物中找到樂趣。雨天也能讓人有愉悅的心情；至少，不會被其他人的負面情緒綁架，所以，請一定要練習建構自己的心態。

人心如「樹海」，走得太深容易迷路

人際關係的煩惱多來自於不切實際的空想。

例如，「他真正的想法到底是什麼？」「他真的生氣了嗎？」「他真的有替我感到開心嗎？」等，暗自揣測他人的心思，讓自己陷入不安的情緒。

世界上之所以會有這麼多心理學資訊，教人如何「讀心」，我想是因為大家實在太愛揣測別人的想法了。

我認為，站在對方的立場著想固然重要，然而一味地猜測「是真的嗎？」「是真心話嗎？」「心裡是怎麼想的？」等，探查對方內心深處的想法，其實是毫無意義的。

因為，人心如「樹海」。

樹海指的是深山林區。一旦不小心闖入，便無法靠自己走出來。人心也是一樣。一味想去探挖真心話和隱藏在話語背後的祕密，無異是自找麻煩。

每個個體本來就有形形色色的面貌，無法以一種情感明確地一一說明各種情況下的心境。舉例說明：

假設你的好友在臉書等社群網站上，留下一則「找到高薪工作了」、「考到證照了」、「出國度假囉」的訊息，還上傳喜上眉梢的照片。

看到留言的你，很難用一句話說出自己的心情。因為是朋友，所以自然會給予祝福，但同時心中也不免感到一絲妒忌，或許還可能不以為然地認為是「炫耀文」，抑或心有不甘，甚至產生憎惡的感覺。

情緒取決於當下的處境，或看到訊息瞬間的心情，因此情緒隨時會改變。

最後，你還是會按個「讚」，所以，每一種情緒都是真實的。如果要你承認「看到炫耀文就一肚子火」是真心話，你絕對會大聲否認。

正因為人類是一種複雜的動物，所以，連自己往往都不知道哪些話才是自己的真心話。

因此，他人的情緒其實是無實體、虛無不定、混亂的，「他真正的感覺是什麼？」「我傳訊息給他，為何已讀不回？」「怎麼搞的，他今天看起來不太對勁？」等，猜都猜不完，想破頭仍然無解。

人類可以在瞬間就翻臉。因為人類實在太容易受到周遭人事物的影響，所以很難在相同的情緒中停留太久。

例如，中午吃飯時，有一個人的態度讓你怒火中燒，他當面對你口出惡言、批評你，至於是什麼原因根本無所謂，反正，你一定會瞬間暴怒。

然而，你並不會一直處於相同的情緒裡。肚子餓、吃到美味的食物、慌慌張張地躲雨、工作充滿成就感、讀到悲慘的新聞而落淚、看到娛樂節目捧腹大笑、被寵物可愛的模樣逗弄得開心不已、和家人有說有笑、悠哉地泡澡等。

心情可說是變化莫測。

我們的心情經常受到眼前事物的影響而起變化。連自己的心情起伏都如此劇烈了，更何況是讀別人的心，很浪費時間，對吧？

我的朋友秋元康曾經說過下面這段話。

「世界上最愚蠢的行為，莫過於老是將別人的批評放在心裡。別人批評完了以後，下一刻馬上忘記自己說過的話，到處遊山玩水，享受美食。」

我完全認同他的說法。

有些人找我訴苦時會說：「我還以為他是好人，結果被騙了。沒想到，他竟然是那種人。」或「我還真不瞭解他。」等，這時，我就會回答：「你錯了，**人類怎麼會是雙面人，人類的面貌可是有百百種之多。**」

與其用「表面」
來判斷一個人，
不如多觀察每個個體所
呈現出來的各種面貌。

人心可不是只有「表面」跟「內心」如此單純，如同我一再說過的，24小時、365天，想法隨時隨地在變，就像骰子一樣，滾啊滾地不停轉動。

堅強與脆弱同時並存，有精明的一面，也有傻氣的一面。

有時冷酷，有時和藹可親，在不同的時刻展現利己、利他的性格。

他人當下的身體狀況和情緒，也會改變我們對此人的印象，然而，每一個樣子都是他人真正的樣貌。

因此，**我們不可能完全瞭解別人，但可以試著改變態度，從各種面向觀察他人**。停止以懷疑的眼光看人，單單直視他人的一種面貌，如此，人生就會快樂得多；或許因此還能發現別人嶄新的面貌。

擁抱玻璃心，自由跨足各領域

無法融入所屬的團體組織、走到哪裡都沒有歸屬感……我想有些人會深陷在孤獨的煩惱當中。

而有些人則難以在以群體意識、緊密關係或友情為基礎的組織中生存，他們不知該如何與他人應對，喜歡獨來獨往。

我認為精神層面和經濟層面，影響著個體對於組織的依賴度。

基本上，我也無法融入任何群體。

雖然我常上電視節目，但我不覺得自己是「演藝圈」的人，「出版界」也是如此；即使是我的本業「書法界」，我的感覺依舊沒變。

不依附任何族群，說得極端一點，就是隨時都可以與其切割。

我一向不勉強自己遷就各方相關人士，甚至改變自己的發言或生活方式，我與所有業界人士保持一定的距離，彼此反而能維持良好的關係。

回想過去，其實我從小學開始，就養成了「從不加入任何群體和團體」的生存之道。

但是，國中的時候，我曾經因為被排擠而難過不已。當時之所以會感到孤獨，是因為我以為學校是唯一的避風港，然而，看到小團體發生內訌，我才慶幸地想「自己被孤立真是幸運。」

現在的我，跨足於形形色色的各種領域中，卻避免與任何團體深入往來，這麼做，讓我活得相當快樂、自在。

不會被無端捲入糾紛，也不須費心迎合他人。由於和團體相處的時間不多，所以，即使他們沒邀我參加聚餐等活動，我也不會在意。

而我也不會執意要加入某個群體，更不會想要藉此控制他人。

我認為，勉強加入缺乏好感的群體，或是積極參與自己熱愛到極致的團體，反而更容易讓自己在群體內遭到孤立。

因此，當你覺得與團體中的其他人格格不入時，請斷然地轉身離開，或者，保持一定的距離，避免涉入紛擾當中。

今非昔比，現今的社會存在著數不清的群體，網路上也有各種社群，人類依價值觀和興趣，區分為眾多的小團體。

職場和居家環境都是如此。現在這個時代，即使說了不中聽、奇怪的話、被排擠，都還是可以活得好好的；也早就破除了「理想中的老公（老婆），應該是這個樣子」「長男要以身作則」「進公司以後就要一輩子盡忠職守」等舊思維。

時代好不容易出現這樣的變革，因此，更**無須執著於單一群體，應以更輕盈的姿態、理性的態度，在社會中的各個角落尋找自己的容身之處。**

每個人都擁有選擇的自由，人生中的選擇多到數不清。

只要心念這麼一轉，諸多煩惱立刻會消失得無影無蹤，讓我們可以從容應付生活中的各種處境。

倘若真的難以脫離群體生活也無妨。因為，**更重要的是知道自己是自由之身，自由讓生活變得富有，並且使我們產生上進心和自信心。**

遠離消耗你生命能量的人

經常有人問我：「武田先生，你應該沒有應付不來的人吧？」

當然沒這回事。

面對大部分的人，我都有自信可以從容應對，然而，面對愛生氣、容易暴怒的人，可真是會讓我死很多腦細胞。畢竟沒有人喜歡被人遷怒。

即便轉換心態，一旦碰上有人突然情緒激動這種緊急狀況，無論自己願不願意，都必須立刻處理。我非常不喜歡這樣。

針對「不喜歡某些人」的煩惱，所以起的情緒反應，我的建議通常是「保持適當的距離」。

保持距離以策安全。減少接觸、互動的時間，勿期待「心靈上的交流」。

道理與前面提過的群體生活一樣。

保持距離是一門很奧妙的學問，一旦有人在自己面前流露焦慮不安的情緒，或是吵架，我們就會有「真是令人無法放鬆」、「拜託饒了我吧」的感覺，而讓心裡無法完全冷靜下來。

然而，遠遠地看著這些人，又是什麼情況？那絕對和近距離的感受不同，而有一百八十度的大逆轉，這時我們可以像個旁觀者一樣分析：「哦，那個人現在正處於焦慮的狀態……」「哇，真是幼稚的行為。」等。

在跑道上疾速奔馳的賽車，如果從自家門前急駛而過，刺耳的噪音肯定會惹來附近居民的抱怨，因此，一切都是距離所產生的問題。

基本上，我們無法改變他人，因此，想要過得安穩舒適，唯二的選擇是改變自己，或與他人保持適當的距離。

「主管很難搞，怎麼辦？壓力大到都快生病了。」這也是我常聽到的問題。

面對權力者鬥爭的恐懼、兩難立場，我也是過來人，而這些都是人際關係中很大的煩惱來源。

倘若壓力、關係惡化的程度已經嚴重影響健康，首要之務就是認同全身充滿負面能量的自己，亦即承認「自己討厭主管」。因為，無論如何，要先讓憤怒咒罵「那傢伙不在的話，不知道該有多好……」的自己，和無法同意主管做法的自己，才能從負面能量中解脫。

如此一來，自己就能大大地鬆了一口氣，同時，憤怒的情緒也會漸漸恢復平靜。

這時，就因應對策來講，大方向可分為兩種，細分的話則有三種。

兩個大方向分別為，一、勇於面對，二、保持距離。

我有一位女性學生，就選擇和難搞的主管正面迎戰。

她不斷地邀請主管聚餐、熱烈地討論工作，即使罹患壓力性蕁麻疹，還是態度堅定地表達自己的想法，2年後，討人厭的主管竟然和她站在同一陣線。

然而我認為，這種例子並不常見。這個例子之所以能夠成功，不僅是因為她有過人之處，也因為她遇到了一位好主管。

另一方面，如果無法正面迎戰，就只能選擇保持安全的距離，走為上策。不是辭職，就是請調到公司其他部門。

逃離，乍聽之下是負面的行為，然而，在體認現實的處境下離開，其實是正面的選擇。在森林裡看到野生的熊立刻逃之夭夭，並不會被視為懦弱膽小的行為，因為，保護自己最重要。

另外，第三種策略，同樣是遠離主管，不過做法卻較委婉。總之，表面上以成熟的態度回應對方：「好的，我瞭解了。」實際上卻是陽奉陰違。身體上的物理距離看似接近，心靈和精神卻相隔甚遠。

我就是這種類型的人。有時會選擇勇於面對，有時則會設法保持距離，真的不能忍受的話，會進一步避免在心靈上有所接觸。

如果有人對我發怒，我只會淡淡地說一聲：「不好意思。」如果有人講了

體認現實的處境，
「逃離」難纏的對象，
也是正面的選擇和判斷。

不中聽的話，我也只是回答：「謝謝！」或「真厲害！」等，然後馬上掉頭離開，絕對不會與之為敵。

然而，能不能做到這種程度，還要看自己的個性，以及與對方之間的關係而論，因此，我不建議面對所有的狀況，都用我這種方式去回應。

不過，知道還有這麼一招可用，也是百利而無一害吧！

用「我們」的視角換位思考，拉近距離

接下來的主題，是因為孤立無援而產生寂寞、空虛感，而我認為「只要用對人稱」，就不會遭到排擠。

人稱是表現主詞的用語，第一人稱是「我」、第二人稱是「你」，第三人稱則包括「我們、他們」等。學校的英語課也會學到這些人稱的用法。

由於小孩眼裡只有自己，所以他們會以「我」來表達自己的意見，但是隨著年齡的增長逐漸社會化後，便會開始考量他人的需求。

所謂用對人稱，指的是思考時，不僅想到「我」，更會擴大視野，站在「你」、「我們」、「他們」的角度思量。

以上班族為例，凡事都只考慮到自己的思維模式是「第一人稱視角」、

老是站在「我」的立場做事，
容易讓自己陷入孤立無援的狀態。
只要轉換視角，以「我們」的態度與人共事，
人際關係就會變得圓融許多。

把他人納入考量的則為「第二人稱視角」，連部門、全公司、業界，甚至是國家利益都照顧到的是「第三人稱視角」。

雖然想得太廣、管得太寬，難免會有天馬行空的不真實感，不過，我一直都是以第三人稱的視角來看待事物。

對我來說，除了自己，我也看重家人、書法教室的學生、老師及職員。

我認為應該愛屋及烏，而書法界、出版界和媒體界的朋友們，每個人的重要性都不亞於他人。

因此，**我時常思考要如何讓身邊的人都感到幸福？**

同理可證，僅用「我」這個第一人稱視角思考的人，無論身邊圍繞著多少人，永遠都會感到孤立無助。

此外，如果能以更寬廣的角度來思考，就不會被束縛在自己所屬的公司或業界等組織中，局限在狹隘的思維裡，而會從國家或國際的角度思考，如此一來，便能超越部門和公司的限制，達到更高的思考層次。

展現全新的視野，一定有助於改善人際關係。

「遲鈍」慢活，才能快活！

個性敏感的人，大多不喜歡宴會或聚餐等人多的場合，因為要顧慮所有人的感受而累壞自己，如果場子的調性和自己不合，還必須忍受強烈的孤獨感。

在這種情況下，我會把「一定要做些什麼來融入……」的心情拋到腦後。光是這個簡單的想法，就能讓我樂得輕鬆。

雖然照顧大家的情緒很重要，但是，不妨偶爾停止顧慮他人，專心做自己喜歡的事。

我的意思是，啟動「遲鈍開關」，專心品嚐餐桌上的美味料理，和談得來的朋友大聊特聊，或是觀察人們的一舉一動，享受當下所做的事情即可。

啟動「遲鈍開關」，隨心所欲而為，是一件快樂無比的事。

我也仍在學習如何瞬間切換敏感和鈍感的開關。

例如，假設包含我在內共有3人一起聚會，其中2人因故吵了起來。如果是以前，我會立刻觀察現場的氛圍，想當和事佬化解紛爭，但是，現在的我，只要發覺自己快被捲入事端，就會在瞬間開啟遲鈍開關，心想「愛吵就繼續吵，沒我的事⋯⋯」一副心平氣和的樣子。

另外，上電視節目或演講等，必須在大眾面前說話的場合中，我會拋棄完美主義。這也要歸功於我啟動了遲鈍開關。

過去的我，比起讓自己受傷，更怕「會不會有人因為自己的話而受傷？」「自己過度正向的態度，對於充滿負面能量的人，會不會反而是一種強制、逼迫？」

我甚至懷疑這種過度擔心的壓力，讓我罹患了膽結石，同時隨著「禍從口出」的恐懼感加重，開始對所有的工作造成不良的影響。

爾後，雖然我說話依舊謹慎小心，但是，已經改掉擔心有人受傷的習性。**話要說到讓全部的人都感到幸福、沒有人受傷的程度，絕對是不可能的。**

或許100個人當中有1個人受傷，但也會有另一個人感到開心，因此，包括出書、經營部落格等各種發表公共言論的場合，我都會轉換成這樣的心態。

說到開關，就會想到由於手機、電腦的發達，導致大部分的人只要是清醒著，手機都一直保持開機的狀態。我建議偶爾關機，停止接收源源不絕的資訊。

即使自己的個性不是如此敏感，但身處於相當敏感的社會，只要卸下防衛的意識，就會無端被捲入他人不安、憤怒等負面的情緒中。

昭和時期，只要不去人潮集散地，就很少會產生煩悶感，而人際關係的諸多問題，也局限在一定的空間範圍內。

然而，邁入網路時代後，情況出現大轉變。網路新聞、傳統媒體及社群網站三路齊動，從捏造的國外悲慘新聞到熟面孔所舉辦的生日趴，各種資訊大量湧入我們的生活之中，刺激著我們敏銳的感官。

朋友之間的胡鬧嬉戲造成話題，並在一夕之間散播至全世界，轟動一時。

想要享受平靜的生活，必須偶爾遠離媒體，切斷網路。

這正是數位排毒（Digital Detox）的概念。我也將此落實在自己的生活中。由於工作的關係，可能好幾天都無法關機，不過，只要是在電車上或想要「全心享受其他事物」的時候，我就會關機。

只要減少上網的時間，就能立即明顯感受到心靈變得輕鬆自在。

用「請教」化解彼此的盲點

已婚朋友在聊天時常會大吐苦水「另一半莫名其妙就發脾氣……」當然，這並不是誰對誰錯的問題，而是男女眼裡世界的差異所導致的現象。老婆有老婆的理由，老公也有自己的話要說，當積怨越來越深，便成為吵架的導火線，一發不可收拾，而另一半卻往往看不到彼此的盲點。

話說，男性是二次元平面上的生物，而女性則是生存在三次元空間中。在三次元空間中流動的動作，在二次元的平面上，看起來不過是不規則出現的一個「點」。

由於天性的差異，男性和女性難以察覺出彼此的心理變化，因此，不妨請另一半指點迷津。

你可以說：「我知道了。不過，並不完全懂，所以，拜託給我一個指示，我會確實遵照指示去做。」

意思是，將對方的希望具體化。

「讓你生氣的事情很多，但我真的不知道哪裡有問題，希望你可以具體地告訴我3個原因（或是1個），一個月內，我會盡力改善。」

切勿老是繞著不清楚的問題鑽牛角尖，而是展開具體的行動，讓對方明確告訴你他希望你做的事。

這樣的溝通模式，除了夫妻關係，也可善用在主管和部屬等其他的人際關係上。

CHAPTER 5

敏感是你獨一無二的天賦

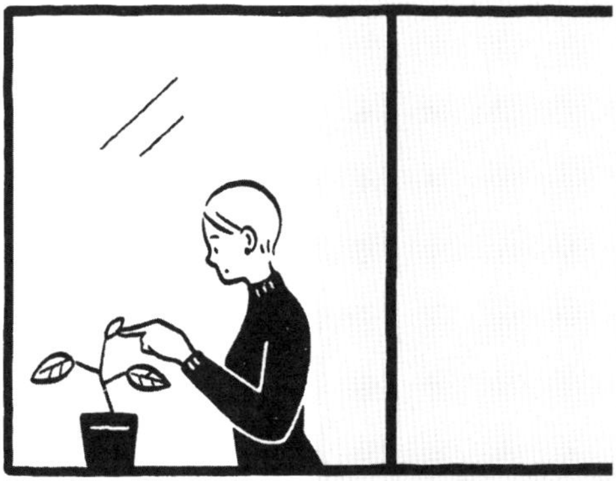

用「敏感」解讀與關懷他人的心

我在前面不斷重複說：「個性敏感的人過得很辛苦。」

然而，感覺遲鈍的人又是什麼情況？

由於他們不在意（或沒留意到）他人，所以就某種層面來講，應該是幸福的，不過，同時也會被公司主管和前輩提醒「多少也要察言觀色一下」、「體諒別人的心情」。

我不認為只擁有鈍感的人，可以成為社會上的成功人士。

反過來說，性格相當細膩、敏銳的人，不必刻意也能察覺到現場所散發出的微妙氣氛。察言觀色後，不僅能適時應對，也能預測局面的變化，然後決定下一步行動。

當事人或許會覺得敏銳的個性是煩惱的深淵，但是，只要改變思維，這反而是一種「觀察能力」。

能靈敏地感受到他人的情緒，是一項特殊的能力，倘若能妥善運用，即可增添人生的豐富性和樂趣。

因此，社會上的成功人士，即使表面上看起來不像是個性敏感的人，其實內心一定保有細膩敏銳的特質。

我認為，可以很快發現他人情感上的轉變、周遭氛圍變化的人，不妨將自己當作「情緒播報員」。與具備專業知識的氣象播報員一樣，你也可以好好讀懂他人的情緒，進而運用這項能力，創造自己和他人的幸福人生。

或許有人會覺得這只是我發明的字眼，然而，只要替自己冠上「情緒播報員」的名稱，就能感受到正面的能量，進而舒緩身心的壓力。

天氣時好時壞。有時有颱風，有時也會飄雪；熱帶、寒帶、多雨強風地帶、氣候多變區域等……各地區的氣候特徵不盡相同。

人的情緒和所有場合的氣氛也是如此，變化無常，而且每個地方都有各自的特色。

「情緒播報員」具有深入理解人際關係奧妙之處的能力，因而可以比他人更敏捷、確實地找到舒適的容身之地。

只要掌握這一點，就能決定自己要怎麼應對所處的環境。

例如，雖然知道現在已進入梅雨季節（發生令人淚崩的傷心事），但一個月後夏天就到了（事情會隨著時間而好轉），則會出現截然不同的心境。明知是打雷次數多的地區（主管容易大發雷霆的部門），就放低身段（低調），避免受害。當感覺情況不妙時（身邊的人情緒暴走時），不妨試想「這次的風暴看起來不大，明天中午之前，應該就會放晴了吧！」

以這樣的邏輯做預測，不僅可以讓自己活得舒服一點，也可以將搶先得知的「情緒資訊」適時地與他人分享。雖然可能偶爾失準，不過，這就是生活中的可愛之處。

當初只是半開玩笑地發明「情緒播報員」這個名稱，後來卻發現這個想法其實很符合邏輯。因為能敏銳察覺到他人的內心世界和現場的氣氛，所以具備足夠的條件能從事顧問和祕書性質的工作。

尤其，在未來的社會裡，電腦和機器人將取代更多的人力。當這樣的趨勢盛行之後，社會所需的人才，將是能夠透徹理解人心的人，和能夠關懷顧客與同事的人。

所以，**敏感的人請對自己更有自信。**

察言觀色，從敏感到敏銳

個性敏銳的人很擅長察言觀色。除了直接接觸的人之外，也經常能推測在場其他人的情緒。

儘管站在對方的立場思考很重要，然而，陷入同樣的思維，或受別人影響，其實是很危險的一件事。

倘若自己是在情緒平穩的狀態下去面對他人的情緒，那還能安然過關，但是，總不可能每次都那麼幸運。個性敏感的人，通常很容易接收到他人所釋放的負面情緒和能量，而搞得自己筋疲力盡。

因此，**除了察言觀色之外，如果能進一步去改變氣氛，就再好不過了。**

我在眾人面前演講時，更是深刻體悟到這種能力的重要性。

在演講的場合中，當主持人介紹「讓我們歡迎武田雙雲……」時，而我帶著陽光的笑容出場後，台下有時只有少數的笑臉或稀稀落落的掌聲。現場氣氛出奇冷淡，遇到這種狀況真是令人揪心、尷尬。

並且，我刻意搞笑的時候，有些聽眾還會露出不好笑的表情；偶爾，還會遇到整場演講都在補眠的人。

遇上這種狀況，就必須想辦法改變會場的氣氛。

「大家好，我是武田雙雲。今天很高興來到這裡……」現場氣氛冷的話，我的開場白也會變得較平淡無力。

隨著演講的進行，我會漸漸抓到聽眾的口味，並刻意製造一些大家感興趣的笑點，慢慢活絡現場的氣氛。

愛說話的我，剛開始會方寸大亂、驚慌失措，然而，隨著經驗越來越豐富，我變得可以輕而易舉、自然地改變會場的氛圍。

即使是人數較少的私人聚會，基本上改變氣氛的做法都一樣。

如果擅長察言觀色的人是「空氣偵測器」，那麼，最理想的狀態就是具備多功能，包括作為「空氣清淨機」，慢慢消除負面的氣氛、變成可調節現場溫度的「空調」。

不過，這需要高度的技巧，老實說，氣勢較弱、過度解讀現場氣氛而無法說出真心話，導致思緒紛亂的人，較難成功改變一個空間的氛圍。

然而，我認為不妨透過一對一談話、與至親好友聊天等機會，在自己的能力範圍內，練習這個技巧。

不急、不躁、不競爭，你也可以成功帶動現場的氣氛。

用好奇心和他人產生連結

「對初次見面的朋友而言，自己是個什麼樣的人？」

「希望讓對方留下好印象。」

相較於一般人，個性較敏感的人對這種事更在意，我也是一樣。

我在前面的章節說過，由於擔心自己的言行舉止會傷害到他人，所以我非常注重如何傳達自己的心情。

然而我畢竟是個普通人，所以，總希望能讓他人對我有好印象，假設自己對他人的印象極佳，對方卻對自己很反感，豈不令人扼腕。

但是，我並不會為了扭轉他人對我的印象而刻意訂定作戰計畫，或是上演濫好人的戲碼。

我認為，**最佳的作戰法則就是「再怎麼揣摩對方的心理也無濟於事，只需對人永保一顆好奇心。」**

欣賞對方、尊敬對方，保持好奇心，就是這麼簡單。所謂「伸手不打笑臉人」，沒有人會討厭喜歡自己的人。

到目前為止，我與120位以上的名人對談過，我抱持同樣的想法面對名人。事前稍做準備即可，因為一旦接收過多的資訊，就會形同戴著深厚的有色眼鏡看待他人。

所幸，很多製作人和編輯都說：「你很會接話、聊天。」對我讚譽有加，而我認為這純粹是因為我對他人的好奇心發揮了作用。

其實，在談話的過程中根本沒空思考「如何讓對方多講點話？」我只是很好奇地期待對方「接下來會說些什麼？會講出什麼很新奇的故事？」

真要說有做什麼特別的努力，就是對他人的話表示高度的好奇和興趣，並且不妄加評斷（無論好壞）。或許正因如此，大家都可以很輕鬆地和我對談。

就算想破頭也無法得知他人真正的情緒，
因此，請保持好奇心與他人展開互動。

如果將對話比喻為拋接球，當一群朋友正興高采烈地在投球時，倘若有人說你「姿勢很醜」、「投錯位置」、「投的力道不夠」等，無異是被澆了一盆冷水，當下完全不會想說出自己真正的想法。

從這個觀點來看，我認為知名的主持人塔摩利先生，就是一個很擅長與人交談的人。

以前，我曾經參加《笑笑也可以！》（富士電視台）中的招牌談話單元「Telephone Shocking」，主持人塔摩利先生不僅神態輕鬆自若，聽我說話時更是開懷大笑，同時不做任何的評斷；所以，當時在節目中，我一點也不緊張。塔摩利先生果然是一位聊天達人。

雖然這不是人人都具備的能力，但是，至少可以學習對他人保持好奇心，並且不任意評斷他人所說的話。

「朋友」是能一起享受當下的人

我很少參加宴會或聚餐，大部分的時間，都習慣宅在兼具書法教室功能的家中。

當然，滴酒不沾也是原因之一，不過，執行生活上的「斷捨離」，也有很大的影響。

我的意思是，**我把人生重要的事擺在優先的順位，而那些細微末節的瑣事，則毫不眷戀地予以割捨**。

我相當重視與家人、朋友相聚和獨處的時光。我並不排斥參加有許多陌生人的聚會，不過，更喜歡與共同企畫方案和創作的朋友聊天聚會。

還有一點，我對朋友的定義，和一般人稍有落差。

對我而言，朋友是「能一起享受當下的人」。只要大家開心地享用一頓美食，我就會把他們當作朋友，與見過幾次面沒有關係。

另外，相較於一般朋友的閒話家常，一起出書和製作節目的同事，交流的內容會更為深入，因此，我也將他們視為非常重要的朋友。

有些人會煩惱「朋友很少」、「交不到朋友」等，然而，我建議不妨試著像我一樣，用較寬廣的角度來為朋友下定義。

一想到要參加有眾多陌生人的聚會，就不停煩惱「不知道能不能和大夥打成一片？」「遷就他人真累。」「結束後還要繼續來往，好麻煩。」簡直是要逼死自己。

因此，不妨換個想法，「把在現場同樂的人都當作朋友」，心情應該會感到輕鬆不少。

朋友多不代表自己比
別人優越，
也不能用見面次數的
多寡來定義朋友。
對某件事有共鳴、
能一起享受當下的人，
都可以是朋友。

人面越廣、朋友越多，即代表自己越傑出、越有人緣的想法，不過是一種迷思。假設身邊有100個朋友，也不可能和全部的人都很投契、成為「麻吉」吧！

朋友多絕非壞事，然而，交朋友的目的不是為了衝高人數，炫耀自己交友廣闊，知心朋友只要一個就足夠了。

拒絕束縛，才能創造良緣

太在意對方的想法，導致自己裹足不前，我想這樣的經驗大家都有。

其中，最深刻的大概就是向異性告白的經驗。

喜歡對方，害怕告白後會被拒絕，或是因為不想破壞彼此的友誼，而不敢主動表達心意。每個人對這種情形想必都心有戚戚焉，然而，對於他人的反應過度小心翼翼，無異白白浪費大好人生。

我說過好幾次，**自己不採取行動，永遠不會知道對方真正的想法。**

因此，偶爾鼓起勇氣，踏出第一步是很重要的。

前幾天，我看到一個節目，是由明石家秋刀魚等當紅藝人，與一群「不會談戀愛的東大生」進行對話。

我很認同藝人在節目中說的一段話，他們向害怕告白的男大生建議「不告白怎麼會知道結果？」「或許會被拒絕，但是，除非遭到糾纏，否則被告白的人不會不高興。」

假設有人跟自己告白，心情上，確實是像那些藝人說的那樣。如果有人認真地對自己說：「我喜歡你」，即使對方不是自己喜歡的類型，也絕不至於討厭對方。

當節目再度強調「不聽到NO，絕不放棄，給自己一次告白的機會。」時，我認為這句話不僅適用於戀愛，更可運用在所有的工作和人際關係上。

日常生活中，對方都還沒拒絕，或是都還沒收到通知，自己就輕易放棄的例子不勝枚舉。

很幸運的是，我的辦公室每天都會接洽到各種工作，然而，畢竟時間和精力有限，不得不推掉某些工作。即便有時有空檔，但是，對不感興趣的工作，也一樣會拒絕。

即使自己推掉了部分不適合的工作，對於他人誠心的邀約，仍然會感到很開心，從書面或電話的邀約中，確實接收到他人的誠意和善意後，在拒絕的當下，自己完全不會因此而產生厭惡感。

我認為，只是那時無緣，未來有機會的話，還是可以有合作的機會。因此，千萬不要一被拒絕，就片面地認定是「負面的」或「惡意的」。

接下來要講的是，15年前發生的事。

那一次搭乘同一部電梯的美女，手上拿著一個非常漂亮的包包。我看到後馬上不加思索地讚嘆：「包包很可愛。」雖然當場她好像嚇了一跳，不過，這位美女還是跟我說：「這是我自己做的包包。」

正常來講，當男女獨處於同一個空間中時，都不喜歡被搭話，但是，我並沒有假借聊天之名行搭訕之實，純粹只是對包包感興趣才搭話。我想，她一定能感受到我當時的確沒有非分之想。

擔心被拒絕，使你感到不安嗎？
鼓起勇氣與他人接觸吧！
或許結果會超乎想像的好。

我回答：「什麼！竟然是自己做的？」然後，她送了我一個自製的皮夾。

自此以後，我就變成她自製皮夾的愛用者，一句話讓我們結下不解之緣，真是不可思議。

在我們告訴對方自己的感覺之前，通常會因為擔心自己會惹人厭，而先預設許多立場。

但是因為害怕表達自己真實的感覺而裹足不前，若因此而錯失良緣，實在很不值得。

只要自己是認真、誠懇的，不妨勇敢投出「戀愛球」或「好奇心球」，結局可能出乎意料的好。這是我的經驗之談。

拒當句點王，用燦爛的笑顏與對方聊天

想太多不是一個好習慣，但是，思考本身是一件很美好的事；重點在於思考時所顯露出來的樣子。

越是嚴肅的事，就越要以開朗樂觀的態度思考。

說到思考，大家可能會想到羅丹的「沉思者」雕像、大文豪寫作時苦思的神情，或是考生戰戰兢兢地應付考試時的樣子，腦海中浮現的都是人們不時抓頭、認真專注的畫面。

我覺得，用嚴肅或深沉的表情思考事情是錯誤的。**不管是什麼人，只要一垮下臉，就會把事情越想越難、越想越複雜，而無法朝光明、充滿希望的方向思考。**

無論是在公司開會或與家人聊天，如果用陰暗的表情和低沉的聲音，外加嘆氣地問：「接下來該怎麼辦？」對話一定會變得既消極又沉重。

負面消息、藉口、失敗的原因、抱怨、憤恨不平等，全部一一浮上檯面。用深沉的表情思考，簡單來講，就像在搜尋引擎上輸入「晦暗、不安」的關鍵字。

由於其中包含了「不安」這個關鍵字，因此，出現的幾乎都是負面的資訊。明明正面資訊和負面資訊的數量不相上下，一眼望去卻都是不好的字眼。

我們的大腦機制跟搜尋引擎十分類似，用陰暗的表情（不安）思考，跳出來的想法也會是缺乏亮點和創意的，因此，在會議上如果看到與會人員的神情已經面露疲態和無奈，建議立即果斷地結束會議。

反之，**以爽朗的笑顏進行對話，等於是輸入「開朗、充滿希望」的關鍵字**。就我個人的經驗來看，這個方法非常有用，保證新點子和好消息會源源不絕地湧現。

越認真，表情就越深沉。
帶著笑容思考，
好點子自然源源不絕。

一般人都會開心地規畫旅行的行程吧？用開心的表情蒐集正面、陽光的資訊，用爽朗的表情思考旅遊路線，就不容易產生悲觀消極的想法。

然而，在會議上很難看到員工全都笑嘻嘻的，所以，我的辦公室從來不開會。我通常是利用中午外出用餐的時間，或到海邊散步時，和員工討論工作、相互激盪創意。

與員工討論時，我會盡力逗大家笑，讓氣氛輕鬆一點，使大家能往好的方面思考。感覺就像戴著「派對用的整人玩具眼鏡」在說話。

你可能認為談話時不應該老是嘻皮笑臉的，不過，如果要在明亮的表情或嚴肅的表情中做一個選擇，當然是選擇明亮的表情。

由於我總是展現出陽光燦爛的笑臉，所以身邊的人給我的評價是「只要看到武田先生，完全不會產生負面的情緒。」或是「和老師在一起的時候，整個人都變開朗了。」「煩惱全消失了！」「到底有什麼好煩惱的？」及「擔心這種事實在是太笨了！」等評價。

事實上，要在我面前出現消極的狀態應該很難吧！因為，我一定會在對話中不時穿插正向的字眼。

但是，天性敏感的我，偶爾也會擔心自己是否在強迫推銷，硬逼別人變得積極、陽光（笑）。

CHAPTER 6

我們都是和自己賽跑的人

是找方法，還是想太多？

我從不煩惱，因為在煩惱出現之前，我就已採取行動了。

小孩在公車上或飛機上嚎啕大哭時，沒有一對父母會抱頭站在一旁光是想「怎麼辦？」「怎麼哭了？」而放任孩子哭個不停。

應該都會想盡辦法，讓小孩的情緒穩定下來。通常會先試一個方法，行不通的話，再想其他的辦法。

就像這樣，面臨令人一個頭兩個大的麻煩時，先動起來就對了。不要光想而不去做，從自己做得到的部分先做起。

做什麼都可以。互動是雙向的交流，**不展開行動就無從得知正確答案。**

與人發生爭執，事後不妨向對方表達歉意、邀約吃飯，或是暫時不相往來都無所謂。總之，放手嘗試各種息事寧人的方法才是關鍵。

學習技能也是如此。

經常有人問我：「書法該從哪裡開始學起？」我自始至終只有一個答案。「都可以，開始動筆就準沒錯。」

從哪個地方起頭都不是問題。可以用鋼筆或簽字筆開始練習；認為工欲善其事，必先利其器的人，可以買齊高級的書法用具，以提升學習的動機；不想花錢購買昂貴用具的人，到一般的文具店購買即可。

關於「怎麼樣才能把字寫得漂亮？」的問題，我的回答也一樣。在學習技藝的過程中，一定會出現瓶頸，然而，光想無益。

思慮太多的人，大部分都是坐在書桌前，只想著「為什麼諸事不順？」「難道我真的能力不足？」

照著這樣的思緒走，最後甚至會替自己找一堆失敗的理由，例如「以前在學校，老師對我的評價本來就很低。」「運動神經很差。」「爸媽的字也寫得不好，所以……」

然而，**任何人只要想太多，絕對無法提升正向的能量。**與其去找出字寫得不好的原因，不如實際提起筆來，才能迅速進步。覺得自己的字有待加強，那就換一支毛筆、改變握法、請教老師等。我們可以試著找出各種方法去跨越學習的障礙。我認為，學校的填鴨式教育，是造成許多人想太多的原因之一。

俗話說紙上談兵，不過，人生最重要的十幾年歲月，幾乎都在書桌前用功讀書度過，想當然耳，一定對人影響深遠。**創意源自於行動。因此，光是思考而沒有身體力行，思考就會變成一件令人痛苦的事。**

獲得資訊、學習本身是一件多麼美好的事。如果以我在學校學過的資訊科學來解釋這個觀點，可說現代人大多只懂得「投入」（輸入），卻往往因為沒有「產出」（輸出），而變得舉步維艱，原地踏步。

正確答案會在採取行動的過程中浮現出來。

等找到答案之後，再思考也不遲。

有些人懷抱著「在網路上創業」的夢想，進而去進修程式語言或架設網站，從學習開始朝夢想邁進。

如果是我，會認為「直接賣賣看不就好了！」

也就是，我的想法是「今天就先在家裡架設網站」、「先試著在網路上賣掉一件商品」。

用E-mail或社群網站都無妨。

在這個年代，查找網路和電腦書籍，運用免費資源，30分鐘就能輕鬆架好網站；遇到問題時，也都可以在網路上找到資料或問到答案。

不實際從事買賣，絕對不會懂得商品買賣的奧妙與樂趣。與其空有MBA（企業管理碩士）的學歷，不如著手經營一家小型的零食商店。

因此，**先行而後三思。具體思索辦法和杞人憂天是兩碼子事。**

就像高空彈跳，跳就對了！

我自行創造了「高空彈跳理論」這個名稱。

挑戰高空彈跳時，從扣上安全繩索到從跳臺躍下，有一定的時間限制，因此，一旦決定要玩，就要毫不猶豫地一躍而下。

有懼高症的我，相當敬佩敢挑戰高空彈跳的人，而挑戰者的說法是「就只能硬著頭皮跳」。

然而，也有人站在跳臺上卻臨時反悔。這些人似乎預設了太多放棄的理由。他們的腦海浮現「繩索可能老舊、腐朽了」、「螺絲可能會鬆脫」等危險訊號，於是對工作人員說：「等一下」，拿出手機搜索，立即找到顯示「高空彈跳死亡率」的網站。

這樣的行為，跟我在前文所提到的飛行恐懼症一模一樣。

將「等一下」一直掛在嘴邊，千里迢迢特地跑來挑戰高空彈跳，站在跳臺上卻拚命說服自己不要跳。

這種情節聽起來有點荒謬可笑，但在現實生活中卻不斷上演。

所以，**如果一直沒有產出（行動、實踐），就會編造一堆失敗（不採取行動）的理由**。

如果讓人站在跳臺上考慮3天，到底要不要跳下去，在東想西想之下，最後多數人會因為膽怯而找藉口打退堂鼓。

因此，想到什麼一定要馬上去做。儘管必須確保自身安全，然而，只是站在跳臺上搜尋網路評價，就永遠動彈不得。

不要在錯誤的事件中找正確答案

第1章提到，我曾在6年前罹患膽結石。接受治療時，向醫生諮詢「為什麼會罹患膽結石？」醫生回答：「這個問題沒有意義，請不要追問。」

因為造成膽石症的原因很多，可能是從小養成的不良飲食習慣所致，也可能是遺傳、生活習慣或壓力的緣故。

由於受到諸多因素的影響，難以一一釐清，因此，無法確定造成膽石症的確切原因。

我相當認同這位醫師的話。

因為，生病的那段期間，家母憂心忡忡地說：「是我造成的嗎？真是對不起。」妻子也自責是她沒照顧好我的飲食。

但我回頭檢討自己的生活，從年輕時就喜歡吃高油脂的食物和零食。工作壓力大，也時常為人際關係煩惱不已，自以為充滿正能量，其實是個想法負面的人等，沒完沒了地回想這些往事。

與探究別人的心情一樣，想找到生病的原因，也會越想越不知所措。

當時的我，不再去想「為什麼會罹患膽結石？」而是著重在「接下來該怎麼恢復身體健康？」**與其去想永遠無解的事並活在懊悔中，不如想辦法改善，才能過著有意義和幸福的生活。**

前面曾介紹解決問題的好方法─拆解問題。除非是像修理電話線路等的情形，不找出故障的原因，機器就無法正常運作，否則，只要是「人」的問題，一開始就要分清楚：「為什麼」是回過頭去尋找原因，「接下來該怎麼辦？可以做什麼？」則是邁向未來、展開行動，而我們應該專注於後者才是。

人生是一場無止盡的玩樂

我在書法教室的牆上，掛著一幅寫著「遊戲人生」的作品。

對我而言，這是很重要的生活守則之一，或許有違常理，但是，無論創作、演說、錄節目、打電動、衝浪、旅行，與家人閒話家常等，我都是以「玩遊戲」的心態在做這些事。

例如，與編輯部的員工討論這本書的時候，就是一場很開心的遊戲。專業、年齡、經歷、興趣多元的專家齊聚一堂，共同朝著「製作一本好書」的目標邁進，在坦率交換意見的互動過程中，擦出不同的火花，天底下哪有比這更開心的遊戲！

當然基於常規，有人認為必須劃清公私界線，而我的做法則屬於異類。

放假活力十足，上班無精打采，
這樣的生活令人感到疲乏。
因此，抱持「遊戲人生」的心態有其必要性。

然而工作時總是提不起勁，一到了假日，卻有如生龍活虎般，這樣不是活得很累嗎？

前幾天，我去了迪士尼樂園，坐在咖啡廳觀察形形色色的遊客，發現每個人在遊樂園裡看起來都很開心，一走出樂園大門，臉立即垮了下來。

我舉的例子或許極端，不過，許多人休假時和上班時的心情，確實有些落差。

可以運用前面的「心態建構法」來解決這種狀況。

要像我一樣遊戲人生或許很難，然而，如果真的能在休假結束後，抱著去迪士尼樂園遊玩的心情，繼續上學、上班，相信這樣應該會比較快樂吧！

活在當下，「自在」帶來平靜

「簡單生活」是現在相當盛行的一種生活概念。

簡單生活具有「單純」、「樸素」、「純粹」等各種定義，而我所落實的簡單生活，則是限縮人生的願景。

舉一個具體的例子，在我想辭職的那段期間，我用「樂」這個字，當作自己的人生指標。

當時由於閒閒沒事做，所以對於人生的下一步該怎麼走，想了很多，當然也包括各種世俗的願望在內，例如，「用書法寫下全世界所有人的名字」、「希望別再為錢奔波勞累」、「書法教室的學生越來越多」等。

正當各種想法浮現腦海之際，我突然想到「如果人生只需要一個指標，那會是什麼？」「可以用一個字表達出來嗎？」

此外，「誠」、「心」和「強」等，也是備選的單字，不過，最後我還是決定用「樂」當作人生的指標。

「樂」的意思是放鬆和享受。

將「樂」字訂為人生指標的好處，是終於可以用明確的標準（方針）來評斷自己的行為，而不再感到迷惘。

「樂」的原則有下列3項。

1 處於快樂（放鬆）的狀態。

2 享受當下。

3 讓別人感到快樂。

每每感到「現在不快樂」的時候，我就會讓自己放輕鬆。

覺得「不開心」的時候，我就會做些讓自己愉快的事。

看到別人做事很吃力時，我會伸出手幫忙，讓他輕鬆一點。

當別人看起來很煩悶的時候，我會想辦法逗他開心。判斷自己該如何行動時，我腦中只考慮這些事。

因此，我不會只想取悅自己，將他人晾在一邊，或是把自己的快樂建築在別人的痛苦上。這是非常簡單的思考邏輯。

就像格鬥漫畫《筋肉人》的男主角，額頭上有個「肉」字，我也想在自己的額頭寫上「樂」字。

我將「樂」字擺放在家裡的玄關和教室各個角落。

在日本，常看到「迷惘時，更要選擇艱苦的道路走。」這類名言，不過，我是絕對不會選擇走艱辛路的，我會選擇踏上快樂的旅程。

這個做法讓我的個性更加鮮明。身邊的人經常說我「看起來很輕鬆」、「散發著快樂的磁場」；接受媒體採訪時，甚至還因為看起來太過輕鬆自如，而沒有題材可以下筆。

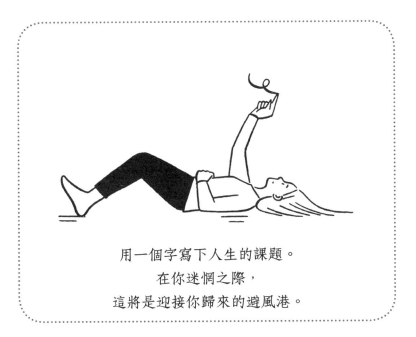

用一個字寫下人生的課題。
在你迷惘之際，
這將是迎接你歸來的避風港。

當然，我並不是否定悲傷和艱苦。人必定會經歷這些負面的情緒和阻礙，不過，這些關鍵字都是人生的指針，讓人在迷惘之際，有避風港和溫暖的家可回。

雖然說文字隨時都可以更動，但要避免決定了反而被束縛住，一點也不「樂」的情形。我一路走來，始終如一，直到現在，我的人生仍然秉持著「樂」的精神，以此為初衷。

當有人問我「你認為自己是怎麼樣的人？」我通常會回答：「我是『自在舒適』的人。」

即使遭受他人批評，我也能處之泰然。由於自己已經下定決心，所以，就算其他人說我「你錯了。」「人生不能只想著追求快樂，要再加把勁才行。」我仍不為所動地回答：「我絕不會改變人生的指標。」也有人跟我說：「書法不怎麼有趣。」

然而，對於具有獨立思考能力的我而言，**「快樂」是我絕不讓步的人生目標**。當然，倘若真的是自己錯了，我一定會改進。**雖然我追求愜意、快樂，卻不自負。**

請你務必也寫下一個字，當作自己人生的行動指標。覺得一個字很難決定的話，兩個字也無所謂，這些字隨時都可以改變，所以請放鬆心情，現在就寫下來。人生或許會因此而展現出不同的面貌。

永遠不會準備好，去做就對了

聽眾在聽完我的演講之後，經常有一個感想—「武田先生說：『各種千奇百怪的方法都很好。』真是令人鬆了一大口氣。」

的確，很少有「老師」會在公眾場合說這種話。

配合前一章節說明的「樂」字，**在「三方好」之中，活得快樂和自由是我的抉擇。**「抉擇」聽起來稍嫌沉重，選擇可能比較符合我的心境。

感覺就像眼前擺著起司蛋糕和奶油蛋糕，有人問我：「想吃哪一個？」而我回答：「都可以，奶油蛋糕好了。」

我的意思是，**不要過度執著，「快樂」才是一切和本質。**

我將這種心境定義為「去一下超商」的感覺，一切都是那麼的輕鬆！

由於每個人都以認真的心態面對事物，因此思考時便顯得過度嚴肅。例如，責備自己「怎麼那麼洩氣，想法要正面一點。」

陷入這種情緒時，我會對自己說「我在超商裡面，是超商。」也就是說，我們想去超商晃晃的時候，並不會嚴肅地思考「如果不能去超商的話，該怎麼辦？」或是「一定要去這家超商不可。」超商對於消費者而言，就是肚子餓了去買個肉包、飯糰，再順便繳費的地方。

我想說的是，**以這種輕鬆的心情展開行動，「夢想」就會成真。看似雲淡風輕，事實上，行動力十足**。

我之所以從不焦慮，並給人樂觀開朗的形象，大概是因為本質中存在著這樣的思維。

再回到超商這個主題，即使遇到態度惡劣的店員，我也不會心情不佳。反而會認為「原來世上還有這種人。」「他大概過得很辛苦吧？」又想「世界上有形形色色的人，應該也是好事吧！」然後就此打住，不再胡思亂想。

而且，人也不必擇善固執，將「待人親切」、「奉獻社會」奉為圭臬。送別人東西的時候，語氣溫和雖然很重要，不過，有時以直率的語氣說話，或許對方還比較沒有壓力，例如，遞飲料時大剌剌地說「拿去」或「喜歡什麼，請自便。」

不實際經歷這些事，是不會知道這樣的感受的，**總之，與其一直考慮哪種做法好，不如以去超商買個飯糰的感覺，去做就對了。**

後記

某家企業邀請我為他們50周年紀念書籍寫下格言。我把寫好的作品放在教室裡風乾時，有個學生竟然不小心在上面滴了一滴墨水，這個學生當場臉色鐵青地說：「對不起！慘了，怎麼辦……」不斷向我道歉。

然而，是我將作品放在可能被墨水滴到的地方。因此，我苦思有沒有辦法解決這個狀況？維持我一貫正向積極的行事作風。後來，我利用這一滴墨水的形狀，添加幾筆之後創作出一幅畫，結果，成品比之前那幅作品更美。

原本籠罩在一片愁雲慘霧中的教室，馬上撥雲見日，學生們齊聲讚嘆「好厲害！」「完全看不出來是後來才加進去的幾筆。」而將墨水滴在畫作上的那個學生，此時終於鬆了一大口氣。

在陶瓷界中，陶瓷器的破損、龜裂之處，以金繕法（一種古陶瓷修復法，適用範圍廣，以瓷器和紫砂器居多，是一種在缺陷中尋找美的藝術）修復之後，不但更有韻味，還多了有趣的話題，所以身價反而高漲。以這起墨水事件來說應該足以媲美吧！我還真是「自畫自誇」（笑）。

然而，「敏感」真是一個相當深奧的課題。

個性敏銳、善於察言觀色，其實是很美好的特質。性格細膩敏感的人，容易察覺到負面的事物，但只要轉換念頭，一定也能感受到正向的能量。

停止責備他人和自己，消除心中憤怒、不安等負面情緒，讓敏銳度與幸福指數呈正比。

別當急驚風，不要焦慮、不要有競爭心態。失敗不必氣餒，以輕鬆寬心的態度展開行動就對了；其實，個性敏感的人更能迅速提升幸福指數。

我自己就是一個活生生的例子，所以才敢如此篤定地這麼說。

性格敏感的你，擁有獲得幸福的體質。

最後に、一言。
いや、二言の筆文字
にてみなさん
へのメッセージでしめようと
思います。

最後，容我再用一句話作為總結。

不，我希望以毛筆寫下兩句話，與大家分享。

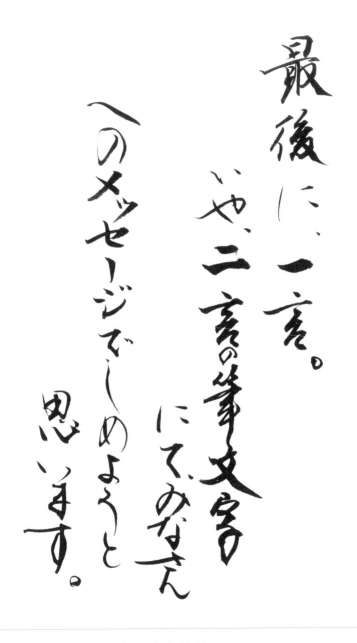

自分を責めないで。

そして

誰が何と言おうと

自分を愛して。

双雲

勿責怪自己。
無論他人說了什麼，
都要珍愛自己。

—— 雙雲

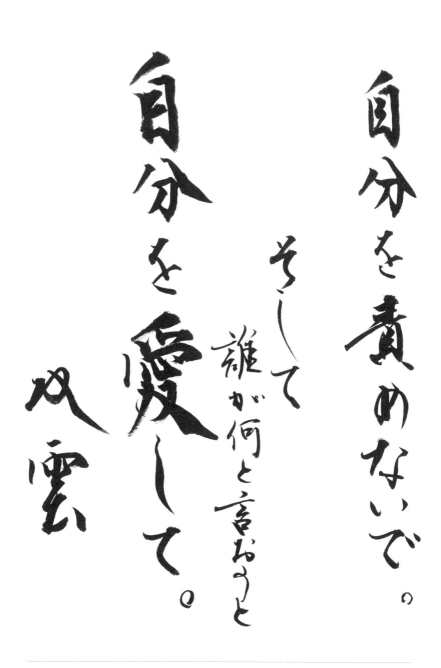

作　　者　武田雙雲
插　　圖　小幡彩貴
譯　　者　楊毓瑩
總 編 輯　劉俊狄
執行編輯　鍾家華　黃姿菁
編輯協力　陳小瑋　楊蕙苓
美術設計　黃蕙珍　藍麗楓
內頁排版　菩薩蠻數位文化有限公司

投資出版　人類智庫數位科技股份有限公司
公司電話　（02）8667-2555（代表號）
公司傳真　（02）2218-7222（代表號）
公司地址　新北市新店區民權路115號5樓

香港總代理　萬里機構出版有限公司
地　　址　香港鰂魚涌英皇道1065號東達中心1305室
電　　話　2564-7511
傳　　真　2565-5539
發 行 者　香港聯合書刊物流有限公司
地　　址　新界大埔汀麗路36號中華商務印刷大廈3字樓
電　　話　2150-2100
傳　　真　2407-3062
電郵地址　info@suplogistics.com.hk

出版日期　2018年2月 第一次印刷
　　　　　2019年7月 第二次印刷
定　　價　港幣88元
　　　　　ISBN 978-962-14-6641-9